乾隆朝《裕陵图》

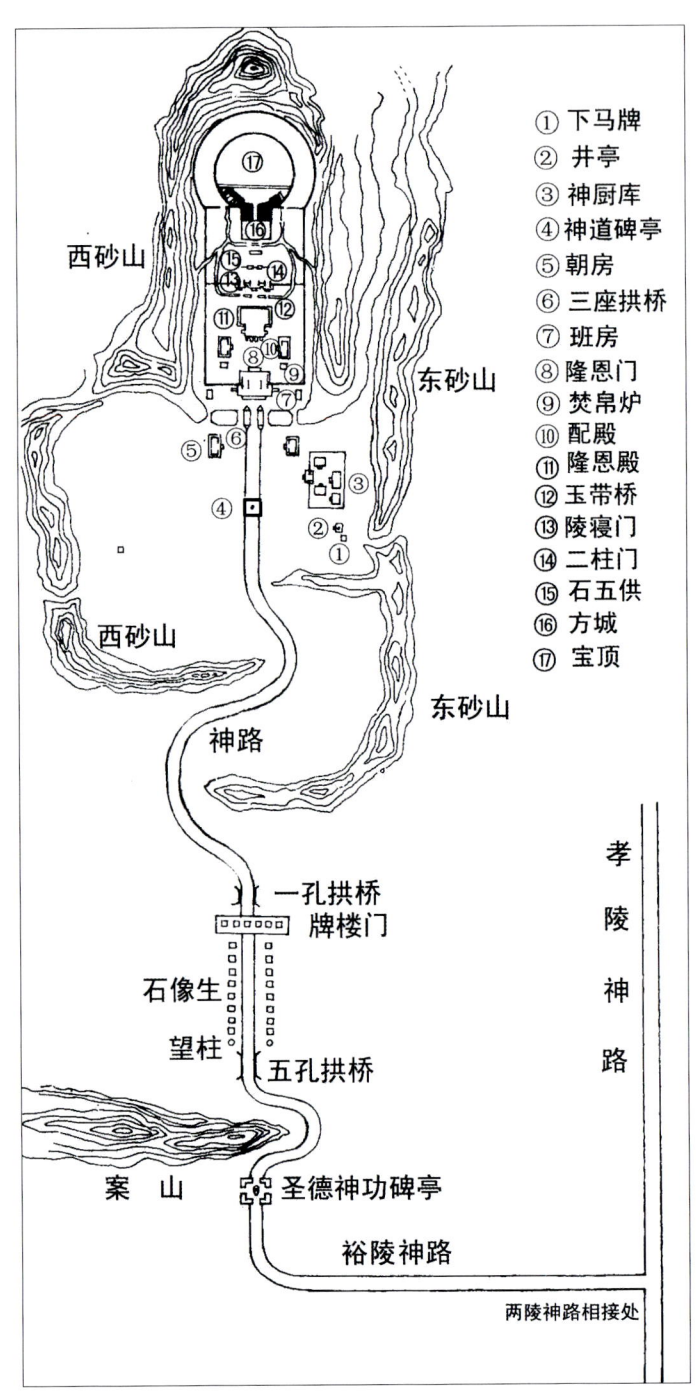

裕陵平面图

裕陵圣德神功碑亭及华表

圣德神功碑亭，俗称"大碑楼"。乾隆帝裕陵的圣德神功碑亭是仿照康熙帝的景陵圣德神功碑亭建造的，其位置在裕陵建筑群的最南端，其规制为重檐歇山黄琉璃瓦覆顶，四面檐墙各辟一券门。亭内正中有一块方形石底座，被称为"水盘"，水盘四角与景陵圣德神功碑亭水盘一样，也没有雕刻鱼、龟、虾、蟹。水盘上立有两座石雕龟趺（龙的头、龟的碑座称之为"龟趺"），上竖立两统近七米高的石碑。碑文用满、汉两种文字镌刻，左（东侧）为满文，右（西侧）为汉文。碑文记述墓主人一生的功绩。

裕陵华表

在圣德神功碑亭的海墁四角处各竖有一座华表,华表由蹲龙、天盘、云版、柱身、底座、栏杆六部分构成。碑亭南面的两根华表,其顶上的兽叫蹲龙,柱身自下向上,盘绕着一条升腾的五爪龙,龙首上方,穿插一块镂雕的如意云版,华表下四周建有青白石栏杆。石栏杆的望柱身上雕刻升龙和海水江崖,望柱头上分别雕有雄狮戏绣球和母狮耍幼狮。栏板上雕刻二龙戏珠和海水江崖图案。

裕陵五孔桥

裕陵五孔拱桥正南面

五孔拱券桥。位于圣德神功碑亭之北,是裕陵的第二座主要建筑。

裕陵望柱

望柱 望柱的柱身为六棱形,柱身下部是六角须弥座,柱身上为天盘,天盘上端为柱顶,上面雕刻云龙。柱身上雕刻栩栩如生的叠落如意云朵。将望柱立在石像生之前,起标志和装饰作用。

裕陵石像生石狮

裕陵石像生狻猊

裕陵石像生骆驼

裕陵石像生石象

裕陵石像生麒麟

裕陵石像生石马

裕陵石像生武士

裕陵石像生文士

石像生。裕陵石像生的雕像皆为立像,位于望柱之北,为八对,其石像生排列次序由南往北是狮、狻猊、骆驼、象、麒麟、马、武士、文士。在清陵中,裕陵是除孝陵(顺治帝陵寝)之外石像生数量最多的陵寝。其中,石像生中的狻猊,是孝陵所没有的,这在清陵中是唯一的。

牌楼门，位于石像生之北。牌楼门为五间六柱五楼，每根石柱上有一蹲龙在须弥座上，东边三柱的蹲龙面朝西，西边三柱的蹲龙面朝东，与景陵牌楼门规制一样。

裕陵牌楼门

一孔拱券桥，位于牌楼门之北。在清东陵自裕陵开始，所有的陵寝拱券桥的拱券上都雕刻一只吸水兽。

裕陵一孔拱桥

裕陵东下马牌

下马牌。下马牌为石制，位于神路的两侧，神厨库之南。基座为正方形，边长约二点五米，高零点五米。基座正中竖立一个长方形石牌，高四点一米，宽一点零五米，厚零点三六米。牌身东西向相对，正反面用满文、蒙古文、汉文三种文字镌刻"官员人等至此下马"八字，汉文居右，满文居中，蒙古文居左。石牌的牌身四角各用一块戗鼓石倚戗。牌身正反面四周雕刻有如意套环纹，三种阴刻文字上均填以朱砂。

实际上，皇帝谒陵并不在这里下马，而是乘舆在朝房南房山处降舆；亲王、郡王在下马牌处下马，贝勒、公、大臣、侍卫及三品以上官员在未到下马牌处就先行下马，然后步行。

裕陵井亭井口

裕陵井亭

井亭 位于神厨南墙外，是一座四角攒尖顶（四面坡，中为四条平脊相围的平顶，四角出垂脊）建筑，内有一口水井，是专供祭陵时所用的。据说水不见天日为"纯阴之水"，清宫忌用，故井亭顶部透天，井盖也凿为空心，以便让日月星三光射入井中。

裕陵神厨库

神厨库。位于神道碑亭东侧，是一座黄瓦红墙的小院，是祭陵时制办肉食祭品的地方。院落坐东朝西，进门迎面是神厨，单檐悬山顶，面阔五间，是制做肉食祭品的场所，屋里面有锅灶，房后有烟囱。南、北各三间房称为"神库"，是储存神厨祭品及原料的库房。东南角有一座重檐歇山式建筑，四面各显三间，是礼部屠户宰杀牛羊的地方，称为"省牲亭"。这里煮熟的牲品称为"太牢""少牢"。古代帝王祭祀时，牛、羊、豕三牲全备为"太牢"。古代祭祀所用牺牲，行祭前需先饲养于牢，即蓄养牲畜的圈，所以这类牺牲称为"牢"；又根据牺牲搭配的种类不同而有太牢、少牢之分。少牢只有羊、豕，没有牛。清朝陵寝的太牢后来改为一牛二羊，少牢为二羊。

裕陵神道碑亭

神道碑亭。俗称"小碑楼"。裕陵神道碑亭的位置仿景陵（康熙帝的陵寝）做法，建在了马槽沟之南。其建筑规制为重檐歇山黄琉璃瓦，四面檐墙各有一个拱券门，每券门有券脸石，这是清东陵第一座有券脸石的神道碑亭。亭内正中巨大的神道碑竖立在石雕的龟趺背上。碑身的阳面用满文、蒙古文、汉文三种文字镌刻"高宗法天隆运至诚先觉体元立极敷文奋武孝慈神圣纯皇帝之陵"二十七字，文字有六行，正中两行为满文，左（东）侧两行为蒙古文，右（西）侧两行为汉文，汉字是嘉庆帝御笔，并钤用有"嘉庆尊亲之宝"六字宝文。

裕陵神道碑亭神道碑

裕陵神道碑上嘉庆尊亲之宝

裕陵西朝房

东西朝房。裕陵东西朝房位于隆恩门前马槽沟之南的左右两侧，规制为单檐硬山黄琉璃瓦覆顶，面阔五间，有前廊，每座房后各有两座砖砌的大烟筒。每逢祭祀前，陵寝内务府的员役在东朝房内熬制奶茶，制作膳品。在西朝房内打制各种饽饽，备办干鲜果品。所以东朝房又叫"茶膳房"，西朝房又叫"饽饽房"。在我国古代，有"事死如事生"的观念和做法。对待已经死去的人，要像生前一样，"践其位，行其礼，奏其乐，敬其所尊，爱其所亲"，这样才是"孝之至也"。皇帝生前，每次升朝理事，大臣们都要提前在皇宫大门前两侧的朝房内恭候；皇帝死后，陵寝修建得不但像皇宫一样富丽堂皇，而且仍然要有文武大臣来朝拜。而茶膳房、饽饽房的建筑规制、所在位置恰巧和皇宫外的朝房相似，所以称之为"东、西朝房"。

裕陵西段马槽沟

马槽沟。在隆恩门前有一条马槽沟，其作用是用以排泄雨水。裕陵马槽沟上建有三座三孔拱券桥，拱券桥的两侧各建有一座三孔平桥。裕陵马槽沟上这种石桥的设计方式，成为后来帝陵的定制。

裕陵西班房

东西班房。隆恩门前两旁是东西班房，单檐硬山卷棚顶，面阔三间。这里是八旗官兵值班时休息之所。在乾隆朝以前，陵寝值班房为木棚性质的简易建筑。为了防止木料糟朽，并"以利防火"，乾隆三十五年（1770）二月二十三日，乾隆帝谕令改为砖木结构建筑，日后成为定制。

裕陵隆恩门

　　隆恩门。又称"宫门"，是进入陵寝的大门，面阔五间，单檐歇山黄琉璃瓦覆顶，在天花支条以上，有有斗匾一块，用满、蒙、汉三种文字题"隆恩门"三字，满文居中、汉文居右，蒙古文居左。隆恩门有门三座"，每座门有门扇两个，每扇门上，都镶嵌着八十一颗镀金铜钉和一副兽面衔环铺首。隆恩门的三座门的使用，有着严格的规定，东门（左门）被称为"君门"，只能帝后出入；西门（右门）被称为"臣门"，是大臣、侍卫以及祭祀等人进出的地方；中间的门，比两侧的门稍大，被称为"神门"，是帝后棺椁进入的门。在隆恩门正面（南面），外接月台，月台前有石礓磜，月台东西两侧各有一座砖礓磜，隆恩门两侧内陈设着弓箭架子，上面摆放着弓箭和枪。

裕陵焚帛炉

焚帛炉。又称"燎炉",共两座,位于隆恩门北左右两侧。单檐歇山顶,椽飞、斗栱、四面炉体以及须弥座等均为琉璃构件。焚帛炉面对院内神路的一侧有一个开口,炉身四面为六角菱花琉璃隔扇。炉门内有熟铁门两扇,内安设三格生铁火池,顶棚、内火墙板以及槛框,均为生铁铸造。每次祭祀时,都要在里面焚烧祝版、制帛、彩纸和金银锞。

裕陵二柱门

二柱门。位于陵寝门内以北不远处的神路正中，由两根高大的四棱柱形的石柱和一个夹楼构成。每根石柱的顶部是一只仰望天空的蹲龙，俗称"望天吼"，两根石柱的蹲龙东西相向。每根石柱均戳立在滚墩石，防止石柱倾斜歪倒。夹楼顶部覆以黄色琉璃瓦。椽飞之下是灵巧的七踩斗拱。再下是大小额枋，其间夹以花板，施以金琢墨旋子大点金彩画。

此建筑虽名为门，但实际上棺椁既不从此处过，谒陵者也不从此门通行，它的设立只是礼制性建筑而已，并没有实用价值。所以，从道光帝的慕陵开始，皇帝陵裁撤了二柱门。清制，皇后陵不设二柱门。

裕陵东配殿

裕陵西配殿

东配殿。 位于隆恩门之内的左侧（东面），其作用有二：一是存放祝版和制帛。所谓"祝版"，就是祭祀时专门放置祝文的用具，其形制是一块约一尺见方的方形木板，白底儿，四周镶有黄绫边，中间部位帖祝文，祝文是皇帝祭陵时向先祖祈祷文言，为满文、汉文两种文字书写。制帛是一种用丝绸制成的帛条。由于这两件祭祀用品是皇帝表达哀思以示孝道的文书，因此地位崇高。祭祀前一天，由礼部送至陵寝东配殿备用。祭祀前，读祝官到东配殿制帛几案前，行一跪三叩礼，恭敬地捧着制帛到隆恩殿，放在供案上的筐内，再行一跪三叩礼；祝版由读祝官到东配殿供奉祝版的几案前，行一跪三叩礼，捧着祝版到隆恩殿西廊下的供案前跪下，将祝版供于案上，再行一跪三叩礼。之后，礼部官员恭请神牌，开始祭奠；二是如遇隆恩殿维修，东配殿也是临时供奉神牌的地方。每当隆恩殿大修前，将帝、后、皇贵妃的神牌提前移供于东配殿内，并在东配殿举行祭祀活动。隆恩殿大修完后，帝、后、皇贵妃的神牌再由东配殿移回隆恩殿供奉。

西配殿。 是喇嘛念经的地方。自乾隆五十二年（1787）六月后，每年帝、后忌辰日，由东陵隆福寺派来十三名喇嘛在西配殿颂诵满洲版《药师经》。至于在乾隆五十二年（1787）之前，西配殿功能为何，目前尚不清楚。

裕陵隆恩殿

裕陵陵寝门及玉带桥（清陵中唯一的陵寝门前建三路一孔拱桥）

隆恩殿。也称"享殿",俗称"大殿",是陵寝祭祀的主要场所,也是陵寝地面建筑中等级最高的建筑。隆恩殿为重檐歇山顶,面阔五间,其主体梁架是道光年间重修的。隆恩殿内有暖阁三间,中、西暖阁内各有一座神龛,内设宝床、衾褥,上面设有香龛,香龛内供放神牌。中暖阁神龛内供奉乾隆帝神牌、孝贤纯皇后神牌、孝仪纯皇后神牌。西暖阁神龛内供奉慧贤、哲悯、淑嘉三位皇贵妃神牌。东暖阁内是佛楼,里面尊藏着佛像和古玩字画等。每年清明、中元、冬至、岁暮四时大祭和忌辰大祭,皇帝钦派王公大臣来这里祭祖陵,每月朔、望,由陵寝大臣、总管等自行祭祀,称作"小祭"。大祭日,将神牌请出,供放在隆恩殿内的宝座上。殿内膳品桌和饽饽桌上罗列各种祭品。大、小祭祀活动除隆恩殿大修时外,都在这里面举行。

隆恩殿的殿前月台上,陈设鼎式炉、铜鹤、铜鹿各一对。帝后陵隆恩殿前的鼎式铜炉内烧的是降香,铜鹤内燃烧的是炭饼。鼎式炉和铜鹤由香灯拜唐阿点燃、熄灭。

玉带桥。隆恩殿后面有一条用于排水用的小河,称为玉带河,上设有三路一孔拱券桥,桥栏杆和栏板雕刻精美,桥栏杆的两端分别是靠山龙。人们称这三座桥为"玉带桥"。这是清陵中玉带河上唯一一座精美的拱券桥。

陵寝门。也称"琉璃花门"或"三座门",是陵寝后院的门户。门有三座,都是黄琉璃瓦覆顶,门两扇,每扇门上都镶嵌有八十一颗镀金铜门钉。其中中间门两侧的门垛还镶嵌有琉璃中心和岔角花。

裕陵石五供

石五供。 位于二柱门之北。清陵石五供仿明陵石五供规制，由石祭台和一个炉、两个花瓶和两个烛台组成。祭台为长方形石雕的须弥座，由上下三块或两块石料组成。祭台一般面阔六米、进深一点五米、高一点四米左右。五件石雕的器物一字排列在祭台台面上。其中，炉、瓶、烛台上雕刻着云、龙、日、月、兽面纹。祭台的上枋雕刻立体感很强的缠枝莲花，上下枭儿雕刻仰伏莲花瓣。下枋雕刻八宝、暗八仙、杂宝以及其他吉祥图案。这些石雕的香炉不能烧香、烛台不能照明、花瓶里的仙花不能放香，但却象征着皇陵香火永旺、神火不灭、仙花常开。

裕陵石五供及方城明楼

长眠于地宫里的帝、后们一年四季都在时刻享受着后代子孙的供仰。石五供北是皇帝谒陵祭酒举哀的地方。皇帝谒陵时，步行到明楼前止步，司拜褥官将拜褥铺在石五供北面地上，皇帝跪在上面向明楼行三跪九叩礼，礼毕，在东旁站立。内务府官员安设奠几，准备酒和爵盏，退下。皇帝来到石五供前祭酒三爵，每祭一次叩一次头，礼毕仍然在东旁站立，西向举哀。陵寝门外排列的王以下官员，在皇帝行礼时，也一起行九叩头礼。皇帝祭酒时，随皇帝行三叩头礼，并随皇帝举哀。

裕陵方城前玉带河

玉带河。在石五供之北、方城之南，排泄雨水之用。裕陵方城之前的这道玉带河，上面建有一座一孔平便桥。这点与景陵不同，景陵的方城之前，没有玉带河。

裕陵方城明楼

方城。 在石五供的北面有一座雄伟高大的城楼式建筑，那就是方城，上面建有明楼。关内清陵的方城与关外清陵的方城完全是两回事。关外清陵的方城是指由陵墙围成的长方形院墙；而关内清陵的方城是指明楼下面的方形城台。方城台面东、西、南三面边沿上成砌锯齿状的垛口，北面边沿成砌宇墙。方城下有一条南北贯通的砖隧道，是通往哑巴院及登上方城、宝城和宝顶的必经之路。

裕陵朱砂碑

明楼：明楼建在方城台面的正中，重檐歇山顶，四面檐墙各有一个拱券式门洞，建筑形式与神道碑亭相似。楼内正中竖石碑一统，碑身阳面用满文、蒙古文、汉文三种文字镌刻"高宗纯皇帝之陵"七字，蒙古文居左（东），满文居中，汉文居右（西），字上填金。碑座是长方形须弥座。因为碑面上涂满红色朱砂，所以又称此碑为"朱砂碑"。碑上钤盖有"嘉庆尊亲之宝"六字宝文。明楼是全陵位置最高的建筑。

裕陵哑巴院

哑巴院。通过方城下一条南北贯通的砖隧道往北走就进入了一个封闭的小空间，称为"哑巴院"。哑巴院北墙因为其形状有些像月牙，因此称此墙为"月牙城"。月牙城正面正中建有一座琉璃影壁，影壁正中镶嵌有琉璃中心花，中心花四角镶嵌有琉璃岔角花，影壁下面为须弥座状，影壁顶部为黄色琉璃瓦。影壁除了起到装饰作用外，还有遮蔽地宫入口的作用。因为它的下面就是地宫的入口。哑巴院的东西两侧还建有转向磴道，磴道为砖砌礓磜，是登上方城、宝城和宝顶的必经之路。

裕陵宝顶

宝城及宝顶。宝城与方城连接,宝城上设有环城马道。宝城正中为宝顶,宝顶下面是地宫。地宫内葬有帝、后、妃的棺椁。

大清皇陵之不可不知的裕陵

徐鑫 ◎ 著

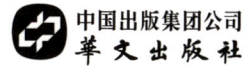
中国出版集团公司
华文出版社

图书在版编目（CIP）数据

大清皇陵之不可不知的裕陵 / 徐鑫著 . -- 北京：华文出版社，2021.6
ISBN 978-7-5075-5430-4

Ⅰ . ①大… Ⅱ . ①徐… Ⅲ . ①乾隆帝（1711-1799）– 陵墓 – 介绍 Ⅳ . ① K928.76

中国版本图书馆 CIP 数据核字 (2021) 第 054636 号

大清皇陵之不可不知的裕陵

作　　者：徐　鑫
责任编辑：方昊飞
出版发行：华文出版社
地　　址：北京市西城区广外大街 305 号 8 区 2 号楼
邮政编码：100055
网　　址：http://www.hwcbs.com.cn
电　　话：编辑部 010-63430751　发行部 010-58336202
　　　　　总编室 010-58336239
经　　销：新华书店
印　　刷：北京画中画印刷有限公司
开　　本：710mm×1000mm　1/16
印　　张：18.5 彩插 2
字　　数：190 千字
版　　次：2021 年 6 月第 1 版
印　　次：2021 年 6 月第 1 次印刷
标准书号：ISBN 978-7-5075-5430-4
定　　价：68.00 元

版权所有，侵权必究

前 言

清朝是我国历史上最后一个封建王朝，从顺治元年（1644）入关到宣统三年十二月二十五日（1912年2月12日），统治中国长达二百六十八年。其间经历了十位皇帝，除末代皇帝溥仪未建成陵寝外，其余九位皇帝分别葬在了清东陵和清西陵，所以有"十个皇帝九帝修，只有宣统转幽州"之说。

清东陵坐落在河北省唐山市下辖的遵化市马兰峪以西的昌瑞山脚下，始建于康熙二年（1663），陵园总面积达二千五百平方公里，其中前圈陵寝建筑有四十八平方公里。从康熙二年（1663）顺治帝入葬，到民国二十四年（1935）葬入同治帝的敬懿皇贵妃和荣惠皇贵妃止，历时二百七十四年，先后葬入清朝的五位皇帝、十五位皇后、一百三十六位妃嫔、一位皇子，共一百五十七人。其中，五位皇帝中就有"康乾盛世"的乾隆帝。

民国十七年（1928）7月，国民革命军第十二军军长孙殿英制造了震惊中外的第一次东陵大盗案。他打着消灭土匪、"崩皇陵也是为了革命"的招牌，盗掘了清东陵随葬品最多、价值最高的乾隆帝的裕陵地宫和慈禧的菩陀峪定东陵（以下简称"慈禧陵"）地宫。他们劈棺扬尸，将价值连城的旷世珍宝洗劫一空。清东陵正是因为这一重大事件而引起世人关注。

清东陵的裕陵是清朝乾隆帝的陵寝，自乾隆八年（1743）始建，至今已有将近三百年的历史。与中华上下五千年文明史相比，虽然只是沧海一粟，但对于这座辉煌壮丽的皇帝陵寝来说，却是时间在历史岁月中留下的痕迹。富有传奇色彩的墓主人和他的陵墓由于时间的流逝，留给人们的则是更多的神秘与谜奇。这些神秘与谜奇至今困惑着无数的专家学者，也吸引着数不清的清陵爱好者，他们为此不休争论，也为此不停探索，这些也给笔者提供了丰富的材料和构思，来完成本次书稿的重新写作。

1978年1月29日，裕陵正式对外开放。当人们怀着猎奇心理以及探秘目的走进这座中国第一座开放的清朝皇帝陵地宫后发现，裕陵地宫居然大量渗水，地宫九个券方向不一致……更令人感到吃惊的是，地宫中的石壁上布满了豪华精美的石雕像和数不清的藏、梵文字，这些图案和文字竟然令中国佛教泰斗赵朴初先生和十世班禅大师也惊异万分，他们看过后不停地赞叹……裕陵地宫正以其独特丰富的文化内涵吸引着无数渴望解读它的人们。

为此，笔者阅读了大量清朝历史专著，又无数次到裕陵地宫进行实地考察，调查采访了许多守护陵寝的老旗人，并获得了当年开启裕陵地宫工作人员所提供的翔实、珍贵的原始资料。原清东陵文物保管所的副所长谢久增先生、退休职工杜清林先生为本书的写作提供了无私的帮助，让笔者获得了很多鲜为人知的背后故事，包括第一次进入地宫时如何用千斤顶顶开棺椁堵着的石门等细节，内容真实可靠，同时兼具知识性和趣味性。

本书不仅详细地介绍了清东陵被盗的前因后果，还介绍了清东陵被盗后的惨状，首次公开介绍裕陵地宫开启的前前后后，向人们展示了许多鲜为人知的背后故事以及裕陵地宫内各种神秘的雕像和文字奥秘。书中附有大量珍贵照片，将渴望了解裕陵谜团真相的人们带到当年考古清理的第一现场。

目 录

序章 /01

第一章 惊天行动 /05
上报计划受阻 /07
王冶秋局长的决定 /22

第二章 再现历史辉煌 /25
"十全老人"的遗憾 /27
为了祖宗香火 /34
一个民间传说 /36
营建"天国" /39
两个不解之谜 /46
死后的拥有 /49
地宫里的五个女人 /61

第三章 帝国的落日 /67
乾隆帝与大贪官 /69
天上只有一个太阳 /83
一段历史往事 /107

第四章　古墓史上的黑暗　　/ 111

"要想富，盗古墓"　　/ 113
盗陵内幕大曝光　　/ 117

第五章　查办东陵盗案　　/ 129

东陵的神秘来客　　/ 131
珍贵的盗案史料　　/ 135
发现一具女尸　　/ 151
神奇的乾隆帝头颅骨　　/ 153
几件值得一提的小事　　/ 159

第六章　国民政府的处理　　/ 163

明争暗斗的较量　　/ 165
国宝的去处　　/ 181

第七章　打开地下宫殿　　/ 187

找到地宫入口　　/ 189
千斤顶与鬼挡门　　/ 194
神秘的金井　　/ 199

第八章　沉重的遗产　　　　　　　/ 203
再次上报计划　　　　　　　　　　/ 205
清理现场的会战　　　　　　　　　/ 214
依然迷雾重重　　　　　　　　　　/ 224

第九章　拨开历史迷雾　　　　　　/ 235
神秘的亡灵世界　　　　　　　　　/ 237
暗藏的玄机　　　　　　　　　　　/ 255
佛教会长与班禅大师　　　　　　　/ 263
这样的一个答案　　　　　　　　　/ 268

尾章　　　　　　　　　　　　　　/ 279
参考文献　　　　　　　　　　　　/ 282

序　章

1928年8月4日夜间，路透社驻北平记者播发了一条震惊世界的电讯：

> 掘盗乾隆等墓案，据有关人士称，共发十三棺，其珍宝价值三四千万元。今已将褚玉璞旧部改编军队中拘获少年军官一人，该军官供述一切，谓褚将守陵之兵逐走，然后费两星期时间，始觅见棺木。乾隆墓中有子母西瓜一枚，慈禧墓中有大钻石一粒，价值甚巨。各物均在天津出售，此事由阎锡山闻后乃下令彻查。

来自国外的新闻报道立刻引来了国内众多媒体的关注，《中央日报》《顺天时报》[①]等报纸对清陵被盗事件进行了跟踪报道。

[①]《顺天时报》为日本外务省当时在北京出版的汉文报纸，是日本帝国主义侵华的重要工具。

清东陵被劈棺抛尸的报道

其中8月7日,《中央日报》对清东陵被盗进行了如下的报道:

(东方五日北平电)在北平东方九十英里之乾隆帝后寝陵(注:系陵寝之误)即有名之东陵,被偷掘,棺内所藏珍贵物品为金银珠宝等悉被窃取无遗。闻此事为褚玉璞旧部,目下已改编为革命军之谭温江部,与当地有力者同谋,借用军队五百名从事发掘,盗取财宝价值估计约三百万元以上。谭之弟暗中来平销售赃品。经中国古董商告密,已被警备司令部派人拘获,其后不知何故,又将其释放。文物维持会及满人,现正运动司法当局,严惩人犯,闻在天津销售之宝物为数甚巨云。

新闻报道的刊发,立刻引发了国内民众对清东陵的关注。因此,清东陵成为当时人们街头谈论的热门话题:清东陵不

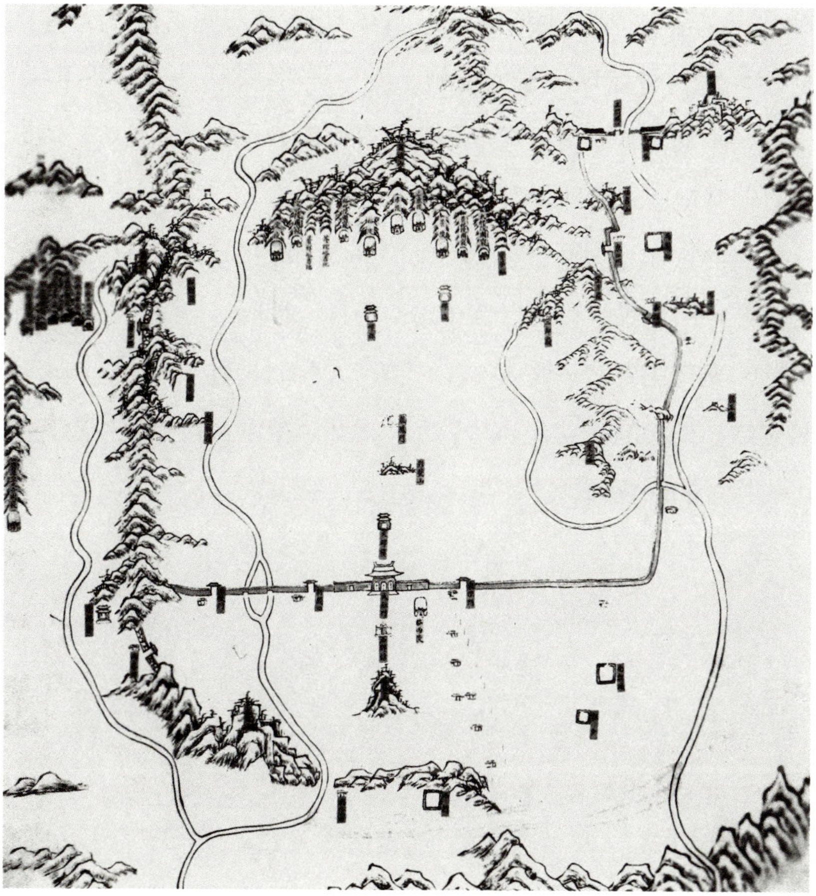

清东陵陵寝分布图

仅埋葬着清朝众多的皇帝及其后妃,还埋藏着大量价值连城的珍宝……

清东陵位于北京东北面二百六十里的河北省遵化境内,是清朝入关后营建的第一处大规模皇家陵墓群,葬有五位皇帝、十五位皇后、一百三十六名妃嫔、一名皇子等共计一百五十七人,风水墙外还陪葬有一些王爷、公主、皇帝保姆和大臣等。由于裕陵和慈禧陵是清东陵中藏宝最多的陵寝,因此成为盗墓者的主要目标，其中尤以清朝鼎盛时期营建的裕陵地宫的被盗现场最为惨烈。

裕陵地宫内葬有乾隆帝和他的五位后妃。裕陵的被盗，为后来打开其地宫并清理，提供了历史条件。

然而，作为国家重点文物保护单位的清东陵，打开陵寝地宫并不能仅因曾被盗就可以简单申请通过，期间经历了一番波折和风险。尤其需要"引路人"和"铺路人"的相互配合，且两者不可或缺。裕陵的成功开启及清理，揭开了中国考古史上一次重要考古发现的神秘面纱。

第一章
惊天行动

开启裕陵地宫，时任东陵文物保管所会计的谢久增可以说是第一功臣。他当时根据国家的发展形势，下定决心要开启裕陵地宫，曾多次写请示报告，但结果不是遭到斥责，就是石沉大海。后来，时任国家文物局局长的王冶秋默不作声地拨来了专款，使即将成为泡影的裕陵地宫开启工作有了转机，由此揭开了清朝皇陵地宫考古工作的新篇章。

上报计划受阻

1972年的中国，正处"文化大革命"的后期。周恩来总理虽然主持中央日常工作，在政治、经济、外交等方面采取了许多措施，使各方面的工作有了转机，但遭到了江青一伙的百般刁难和恶毒攻击。毛泽东主席也认为当时的任务仍然是反对极右，从而使批"左"的正确意见被否定。"左"倾错误继续发展，科学文化教育事业遭到了严重摧残，我国的科学技术水平同世界先进国家的差距拉得更大，各地历史文化遗产遭到了巨大毁坏。我国为数众多的文物在"文化大革命"期间被毁为灰烬。作为清朝最大陵墓群保管单位的清东陵文物保管所，在那个极为不正常的时期，向上级主管部门提出清理乾隆陵地宫这样一个特别敏感的请示，确实给当时的各级领导提出了令人头痛的难题。有的领导甚至认为：难道清东陵的造反派们想对清朝最大的封建统治者的尸骨开刀吗？在那个年代，以此来显示自己革命热情的人的确是大有人在。

其实，很多不了解事情真相的人都是这么想的。

在清东陵的十四座陵寝中，葬有清朝第一个入主中原、曾因为爱情想出家当和尚的顺治帝；有我国历史上在位时间最长的康熙帝；有寿命最长、号称"十全老人"的乾隆帝；有被洋鬼子吓破了胆子、最后死在热河避暑山庄的咸丰帝；有寿命最短、母子不和的同治帝；有清初辅佐过两代幼主的女政治家孝庄文皇后；有垂帘听政、实权在握统治中国长达四十八年之久的慈禧太后；还有在民间传说中扑朔迷离的容妃（香妃）；更有生前死后都陪伴老主人、聪明美丽的苏麻喇姑；等等。除此之外，周围还建有许多王爷、皇子、保姆、大臣等人的陪葬墓。清东陵从始建到最后完工，历时二百四十七年，几乎与清朝相始终。因此从一定意义上讲，清东陵的历史就是一部清朝历史。

清朝时，清东陵由皇帝最亲信的八旗兵和绿营兵保护。1912年清王朝灭亡，中华民国成立。清东陵虽然有《关于大清皇帝辞位之后优待之条件》的保护，但实际上，其保护机构早已名存实亡。中华人民共和国成立后，河北省政府于1952年成立了清东陵的专门保护机构——清东陵文物保管所，对清东陵进行日常的保护管理。在"文化大革命"中，清东陵在各级政府的保护和地方百姓的关爱下，并没有受到很大破坏。保管所的干部职工虽然也分成了两派，但只限于分歧，而没有像其他地方那样对古建筑实施打、砸、拆、烧等破坏性和毁灭性的损害。所以说，清东陵基本上还是完好的。后来，清东陵作为阶级教育的爱国阵地，来此参观的人不断增多。此时清东陵的旅游开发问题，摆到了当时干部职工的面前：如何借助旅游事业的发展促进清东陵的文物保护、旅游工作？这时候，一位即将对清东陵产生重大影响的人物站了出来，他就是当时清东陵文物保管所的会计、后来的副所长谢久增。

谢久增于1964年调到清东陵文物保管所工作，任会计。他不仅热爱自己的本职工作，关心单位的前途事业，而且头脑"前

谢久增（右二）与徐广源（右一）、高福柱（左一）、刘会奇（左二）1983年合影于慈禧陵前

卫"。他当时就想："明朝十三陵中的定陵能发掘，清朝乾隆帝的裕陵为什么就不能清理？如果把裕陵地宫打开，不仅对文物保护、陵寝研究极有意义，还能推动旅游事业的大发展。"谢久增将这一想法与所里的同事一说，大家都极为赞同，但是没有人敢找所长乔青山去说，因为当时"文化大革命"还没有最后结束，没有人敢出头露面，大家只是支持谢久增去找所长。

谢久增不仅年轻，更有一身正气。他认为"邪不压正"，于是便在一个恰当的时机，把自己的想法对所长乔青山讲了出来，并提出清理、开放裕陵地宫的建议。所长乔青山对于谢久增的想法和建议比较欣赏和赞成，于是便指示这件事情由谢久增去办理。谢久增对裕陵进行了反复实地调查后，经过一番深思熟虑，制作了一份清理地宫的预算。

1972年12月10日，谢久增为清东陵文物保管所写了一份《清

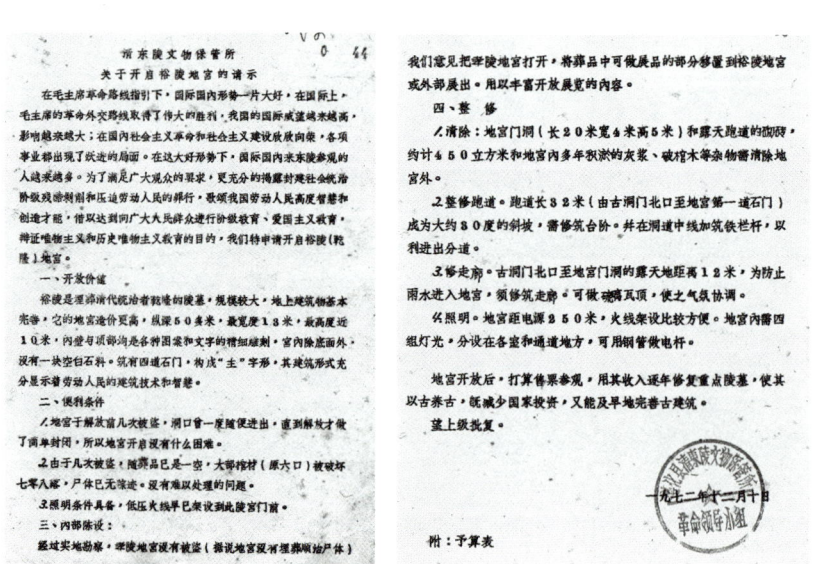

裕陵地宫开启史料

东陵文物保管所关于开启裕陵地宫的请示》(以下简称《请示》),经所长同意后,发给了上级领导机关,内容如下:

清东陵文物保管所关于开启裕陵地宫的请示

在毛主席革命路线指引下,国际国内形势一片大好,在国际上,毛主席的革命外交路线取得了伟大的胜利,我国的国际威望越来越高,越来越大;在国内,社会主义革命和社会主义建设欣欣向荣,各项事业都出现了跃进的局面。在这大好形势下,国际国内来东陵参观的人越来越多。为了满足广大观众的要求,更充分的揭露封建社会统治阶级残酷剥削和压迫劳动人民的罪行,歌颂我国劳动人民高度智慧和创造才能,借以达到向广大人民群众进行阶级教育、爱国主义教育、辩证唯物主义和历史唯物主义教育的目的,我们特申请开启裕陵(乾隆)地宫。

一、开放价值

裕陵是埋葬清代统治者乾隆的陵墓,规模较大,地上建筑物基本完善,它的地宫造价更高,纵深50多米,最宽度13米,最高度近10米,内壁与顶部均是各种图案和文字的精细雕刻,宫内除底面外,没有一块空白石料。筑有四道石门,构成"主"字形,其建筑形式充分显示着劳动人民的建筑技术和智慧。

二、便利条件

1.地宫于新中国成立前几次被盗,洞口曾一度随便进出,直到解放才做了简单封闭,所以地宫开启没有什么困难。

2. 由于几次被盗，随葬品已是一空，大部棺材（原六口）被破坏七零八落，尸体已无踪迹。没有难以处理的问题。

3. 照明条件具备，低压火线已架设到此陵宫门前。

三、内部陈设

经过实地勘察，孝陵地宫没有被盗（据说地宫没有埋葬顺治尸体），我们意见把孝陵地宫打开，将葬品中可做展品的部分移置到裕陵地宫或外部展出。用以丰富开放展览的内容。

四、整修

1. 清除。地宫门洞（长20米，宽4米，高5米）和露天跑道的砌砖，约计450立方米和地宫内多年积淤的泥浆、破棺木等杂物需清除地宫外。

2. 整修跑道。跑道长32米（由古洞门北口至地宫第一道石门）成为大约30度的斜坡，需修筑台阶。并在洞道口线加筑铁栏杆，以利进出分道。

3. 修走廊。古洞门北口至地宫门洞的露天地距离12米，为防止雨水进入地宫，须修筑走廊。可做硫（琉）璃瓦顶，使之气氛协调。

4. 照明。地宫距电源250米，火线架设比较方便。地宫内需四组灯光，分设在各室和通道地方，可用钢管做电杆。

地宫开放后，打算售票参观，用其收入逐年修复重点陵墓，使其以古养古，既减少国家投资，又能及早地完善古建筑。

望上级批复。

1972年12月10日

附：予（应是"预"）算表

请示发出去以后，如同泥牛入海，杳无音信。谢久增及所里领导焦急地等待着，时间一天又一天、一年又一年地过去了。时间是很神奇的，它可以使人成熟，也能让人意志消沉。所里没有人再提开启地宫的事了，也许有的人早把这件事忘记了。

历史的改变，陈旧事物、观念的革新，总是由不平凡的人去完成的。谢久增就是为清东陵历史增添多彩篇章的第一人。如果没有谢久增的胆略和气魄，没有锲而不舍的顽强精神，清东陵就不会有第一座地宫的开启；没有发掘第一座地宫的先例，也就没有第二、第三、第四座地宫的发掘了，也许就没有今天清东陵的辉煌。为了推动清东陵事业的发展，谢久增以惊人的胆略和毅力，冒着被打成"阶级敌人"的危险，义无反顾地向思想守旧派发起了挑战。

1975年2月，谢久增为了取得上级领导的支持，独自给遵化县（现为遵化市）文教局董玉然副局长写了一封信，他在信中真诚地写道：

董局长：
您好！

　　关于保管所的工作，我总想和您谈谈……看后，您认为正确的话，作为您考虑和检查我所工作的着眼点。如果认为是错误，请给予批评。

　　我总觉得，不论从事哪项事业，都应当通过努力使事业有新发展，不说是什么贡献，总算有点意思，现据我的认识，谈以下几点意见。

一、开放问题

　　开放是我们工作的前程，是贯彻执行毛主席"古为今用"

方针的惟一途径。鉴于其它文物单位早已给我们做出了先例，现在着手，其准备工作已步其它单位的后尘。按说处在我们遵化县的位置，更有其特殊的意义。外地贵宾来我县参观的人很多，这里也成为喜闻乐见的必到的参观地点，就此，它丰富了我县的参观内容。应当把死的东西，变成"为无产阶级服务的活教材"，这不仅是为我县增加色彩，更重要的是使广大人民群众受到教育。但是现在情况使人不快，由于没有正式开放，有的参观团体和其他零散人员而失掉了受教育的机会，或者拒绝参观，造成了对方的不满，也多次和领导发生争吵，这个影响是不好的，知道情况的是我们没有开放，能够看到已是给予照顾，但也不免有人认为是我们遵化县的问题。我们不能不这样想，因为很多人的怨恨中都流露出这方面的意思。

那么为什么没有开放呢？一是取决于我所工作开展情况；再者少不了上级重视程度，缺一不可。但起决定作用的还是我们保管所本身工作开展的如何。不能责怪他人。要想达到开放目的或向博物馆方向过渡，必须作好以下几项工作：

1. 抓好本职工作，加强请示汇报，引起上级重视。

加强请示汇报工作的基础在于工作开展的如何，如果偏离文保条例的要求，或者无所作为，即无请示汇报的内容，所以文保政策得不到很好的贯彻，工作也就止步不前。上下不通气，也就形成不了统一意志。应当用我们的实际工作督着领导深入到实际中来，指导工作，那么现在我们以什么要求领导，或者领导以什么目的来做工作指导呢？恐怕还没有一个"文物"上的题目。要想使我们的工作步入正轨，按照保管所的情况，是缺少多方面的因素的,首先应当健全领导班子,确定工作重点,制定正确处理各项工作的关系,这样着手解决之后,工作就有方向,纲举目张了。

要想引起上级重视,除了加强请示汇报之外,更重要的是邀请各级有关部门的领导,座谈情况,互作了解,有机的取长补短,服务于实践。尤其有必要邀请国家文物局、文物研究部门的人员来实地讲述情况,更能得到各方面的知识,有助于明确和加强我们的工作。

值得遗憾的是,上次国家文物事业管理局的书记刘仰桥为了配合毛主席的革命外交路线,有意在北京附近文物单位增设个开放点,曾来我所视察(据说韩念龙副部长也将来此),原定在我所住下,但由于招待方面的问题,逗留很短时间就返回了,真是错过了良机,还叫人家很不满意,而后人家去了承德,韩部长也去了,留下人员,制定了五年规划,拨款数十万,确定为开放点。

2. 资料档案。

资料档案工作,不用说开放,就是一般保管工作也是一项重点任务,这是上级一再要求我们的,必须做到。一个是建筑物自然的也好,人为的也好,遭到毁坏,就能按资料档案记载完全的修复起来,所以,这是一项细致的科学工作。尤其是开放单位,对于原始数据、史料更应当搜集、掌握,否则就无法谈起开放后的讲解工作。

其它文物单位,不但在人力上有所加强(一般是两个人)而且早年就开始了这项工作,西陵一共是五个人,管理范围和维修工程和我所一样，还外出两个人到故宫（前年）抄录资料六个上月。……（笔者注：因下述与本书关系不大，略去60个字。）

3. 虚心学习外地经验。

其它文物单位的工作就已走在我们的前头，在这些年的工作实践中一定积累了多方面的实地经验，管理工作，开放工作，我们应向人家学习，这也是学着人家走路吧。……（笔者注：本处略去169个字。）

4. 开放确实不是一个简单的事情。

但因为困难，不做这方面的努力，是失职行为，要开就想办个像样的，那也是脱离实际的空想，只有从简单到复杂，从初步到深入，逐步的充实逐步的提高，何况现在还都没有一个开放路子。都是在摸索了前进。按我所来讲，应当首先组成一个专班子，学习和考虑这个问题，在学习中摸索出一个方案来，有了这个基础，就可以督促着领导走到我们工作实际中来，得到领导的支持与指导，就会有一个很好的开端。

在现阶段，即在没有正式开放之前，不管售票与否，也应当把各单体建筑物的说明搞出来，供参观人以一个起码的了解，这就会给以后讲解说明的正确化，打下一个供我们研讨的基础。

二、文保工作

这项工作是我们的本职工作，它的基本情况以及随时变化情况都应在我们的天天掌握之中，……（笔者注：本处略去82个字。）

为了保卫工作有尺度，应当尽快完成上级早已指示多次的规定保护范围之起标志说明的工作。应当请予有关部门早日办。

三、人员问题

……（笔者注：本处略去84个字。）

我谈的没有了，有的地方可能不妥，望您指教。

盼您守密。

致礼

谢久增
一九七五年二月二十八日

谢久增对于清东陵的发展有着超人的远见卓识，他不但考虑清理、开放裕陵地宫，而且还要将清东陵建成博物馆，并且对于清东陵的管理、保护、机构设置、人员素质培训等都有比较成熟的建议和方法。由此可见，谢久增在信中所谈的，可谓肺腑之言，也让人感到他是一个很真诚、很有远见的人。为了清东陵的事业发展，他不怕打击，费尽了心力。

谢久增的信发出十天后，董局长还真的给他回了一封信，在信中肯定了谢久增的想法。领导的肯定，无疑给谢久增添加了无穷的胆量与力量。"先择领导有兴趣的问题（开放地宫）着手，让领导动起来"，谢久增暗暗地想着，但以什么样的方式方法找到出路，"只有从领导的兴趣找出路，只能在和领导的磨合下写出清理地宫的请示，进而达到开放的目的"。想到这里，谢久增不禁兴奋起来。很快地，谢久增以清东陵文物保管所的名义又写了一份要求开启裕陵地宫的申请——《清东陵文物保管所关于裕陵维修和地宫清理计划》：

清东陵文物保管所
关于裕陵维修和地宫清理计划

河北省革命委员会文化局：

  清东陵是国家重点文物保护单位，裕陵是封建统治者乾隆的陵墓，规模较大，造价较高，目前是保存得比较完整的一组古建筑。

  裕陵地宫于一九二八年被军阀挖掘，随葬品盗劫一空，仅存部分残破棺木，地面建筑门窗全部无存。

  为了配合毛主席革命外交路线，贯彻"古为今用"的方针，再结合当前批林批孔运动，加强无产阶级专政理论的学习，这里是一个很好的阶级教育和历史唯物主义教育阵地，它歌颂了劳动人民的高度智慧和创造才能，揭露了封建统治阶级压榨劳动人民的罪行。为适应开放，现将裕陵地宫清理和建筑维修计划如下：

  1. 七五年将地宫隧道进行清理，增建防雨设备，并做好月牙城及宝顶排水工程，架设墓内外临时照明线路。

  2. 七六年为达到开放的要求，整理安装各殿装修。归安石活，垒砌宝城坍塌部分，并将围墙进行全部维修。清理环境。

  附地宫清理方案一份。

1975年8月4日

  抄致：国家文物事业管理局、省文管处、地区文化局、县文教局写好了申请，吸取了以前上报请示长期无音信的教训，这次，谢久增拿着请示，本着逐级请示的原则，先找到主持文化工作的遵化县文教局的董玉然局长在申请上签字之后，又马不停蹄地赶到了唐山市文化局。主管文化工作的王姓干部却给心里一团热火的谢久增当头泼了一盆冷水。

"您好，老王！我是遵化县清东陵保管所的谢久增，把我们单位的工作向您汇报一下，请您给予指导，我还带来一份单位的申请，请您批示。"

"哦，请坐。把文件放这儿，有什么事就先说一下吧！"

"我们单位在各级领导的指导下，目前有了一点方向，但工作的目标和成绩不大，很多外地客人和游客对不能看到东陵的地宫感到遗憾，并因此与所里发生争吵，影响不大好，这主要是我们工作做得不好，未能给他们一个很好的解释，是我们的原因。但从长远考虑，开启一座地宫是有必要的，一方面教育人民，一方面增加收入，减少国家投入，更好地维修古建筑，我们认为这也是'古为今用，以古养古'；并且，裕陵地宫被盗多次，盗口在1952年才封闭，不存在文物保护不了的问题……"

王姓干部没等听完，就很吃惊地打断了谢久增的话："你别说了，你们的想法太天真了，这是不可能的事，就你们单位来说，是保护单位，你们的本职工作就是保护文物，何况上级没有这方面的精神和指示，你们简直就是瞎胡闹。"

谢久增见王姓干部有些生气了，稍微停顿了一下又说道："老王，您别生气。我个人认为，旅游业在中国很有发展前途，文物单位又有开启地宫对外开放的先例，裕陵地宫的开启只是把原封闭的盗洞口打开，也没有文物，只是破烂的棺木什么的。"

"不用再说了，你们的想法是异想天开，我无能为力。"王姓干部说着，站了起来，那架势是要送客了。

谢久增见状，心里明白，人好在嘴，马好在腿，于是连忙说道："老王，这份请示是我们所里的想法，是按程序报请的，我们有权利向您请示，有必要得到您的支持，我们的工作需要您给予理解和指导，您不要……"

"行了，行了，我知道了，你可以走了！"王姓干部不满地下了逐客令。

谢久增也有些急了，他的犟劲儿也上来了，大有不答应就誓不罢休的气势："老王，我们作为一个文物单位，有权利向上级领导请示，把我们的想法说出来，我们是按国家有关程序办事的，最终批准机关是国家文物局，只需您在这上面签个字，同意不同意是上级的事了，咱们尽力了也就行了，您没有必要拦着。"

"你这人怎么这样？说不行还不走。说实话，没有上级指示，就不行！"

"如果什么事都等上级指示才能办，那么'请示'二字就应当从字典中抠去……"谢久增的话有力地顶了上去。

王姓干部气得快说不出话来了："你这是要干什么，这是什么主义作怪？你眼里还有领导没有？是谁让你来的？你……"王姓干部生气地走了。

对于清东陵文物保管所这样的一份申请，王姓干部见后的第一个感觉就是：现在的中国正处于"文化大革命"的特殊时期，国家财力紧张，古建维修经费极少，你们清东陵在六七十年代，对那些残破极为严重的建筑，采取的办法是"落架保护"，用不着多少费用，不需要国家花钱。现在拿来一份申请，是不是想跟我们要钱？

谢久增手里拿着那份申请，眼泪流了下来，一方面是为刚才的激动后悔，话说得过了头；另一方面是因为对方没有在申请上"签字"，还伤了人。

后来得知，因为这件事，王姓干部还给遵化县文教局打了一个电话："……像谢久增这样的人不宜在东陵工作，不做好本职工作净瞎胡闹……"

幸亏谢久增把"报请"的过程向清东陵文物保管所、县文教局领导事先做了汇报，打了"预防针"，才避免了地宫还未清理而自己先被"清理"的后果。

虽然遭受了一次打击，但对开启地宫这件事，谢久增并没有放弃。他想起了原遵化县副县长、时任唐山地委组织部部长的王运城。于是，谢久增找到了他，向老上级述说了自己代表单位跑开启裕陵地宫事宜的有关情况，并且把自己碰钉子的事儿也说了，这也是向老上级述说自己的委屈吧。王运城听后，认为这位王姓干部的工作方式欠妥，安慰了谢久增，告诉他不要着急，并肯定了他的想法，安排谢久增住进了当地招待所。当天晚上，王姓干部找到了招待所，向谢久增道了歉，跟谢久增谈了一些自己的看法，并在申请上签了字。谢久增也向王姓干部道了歉，并向他表示，全所同志会感谢他的。很显然，这是王运城在背后做了王姓干部的思想工作。

唐山市文化局已在申请上签了字，这使谢久增格外高兴。第二天早上，谢久增满怀希望地踏上了去往河北省文化局的路程。

到了省会石家庄，谢久增遭到了河北省文化局文物处董处长的严厉批评，甚至可以说是被狠狠地训斥了一顿，其口气与唐山的王姓干部几乎如出一辙："你们还是好好地做好自己的本职工作，不要这么胡闹了！"谢久增带着领导的批评，无奈地返回了清东陵。裕陵地宫的开启计划面临无望的危险。

这也难怪，当时毕竟还是"文化大革命"时期，无论是哪一级政府领导都仍在为国家的文物做最保守的保护计划。

王冶秋局长的决定

1974年，正是"文化大革命"的后期，这时的中国大地上，又掀起了一股"批林批孔"反右倾大运动，许多文物和文化遗址被砸烂烧毁。对封建统治思想有重要影响的孔老夫子的孔府、孔庙、孔林，在这一场风暴中遭到了前所未有的冲击。周恩来总理在与病魔、"四人帮"的拼斗中腾出手来，制止了许多破坏文物、文化遗址的行为，有效地保护了国家和人民的文化遗产。细心的周恩来总理并不放心其他宝贵文物，特批示国家文物局采取巡视的办法，察看各地情况。

1975年7月5日，国家文物局局长王冶秋和夫人带着一个小孩以旅游者的身份来到了清东陵。作为主管全国文物的最高领导人，王冶秋看到清东陵能在这"红色"年代稳而不乱，特别高兴。王冶秋局长这次来清东陵本来是暗访，后来还是被东陵保管所发现了。在清东陵文物保管所领导的陪同下，他兴致勃勃地巡视了各陵寝，并在清东陵食堂饱餐了一顿手擀面条汤。

饭后，王冶秋听所长乔青山和会计谢久增详细地汇报了清东陵的工作情况，对此他很是满意，并关切地询问清东陵的工作人员有什么想法。这时候早已做好思想准备的谢久增不失时机地把清东陵想开启乾隆帝裕陵地宫的想法全盘端了出来。王冶秋听了很感兴趣，并问谢久增清理裕陵地宫需要多少钱。谢久增略一沉思回答说："大约两万元吧！"据谢久增追忆，王冶秋当时什么也没说，只是表示回局里考虑考虑。在王冶秋走后的第七天，马兰峪农业银行营业所通知清东陵保管所会计谢久增："国家文物局汇来了两万元清理地宫的钱。"

随后，清东陵文物保管所就接到了国家文物事业管理局发来的一份文件：

国家文物事业管理局
拨东陵乾隆裕陵维修和地宫清理补助费二万元
（75）文物字第 186 号

河北省文化局：

今拨款 20000 元，作为遵化清东陵乾隆裕陵维修和对早已被盗掘过的裕陵地宫清理之用（已电话和你局联系过）。

此款系文物维修清理专款，专款专用不得移作他用，请即转遵化东陵，并希你局对这一工作进行检查与协助。年终维修工程要向省财政局报出决算，并抄送我局一份。

国家文物事业管理局

1975 年 7 月 11 日

抄致：河北省财政局、遵化县革委清东陵文物保管所

国家文物局拨来了裕陵地宫清理经费，标志着国家文物局已批准同意开启裕陵地宫了，所以清东陵文物保管所的干部职工无不欢欣鼓舞。在激动万分的同时，他们并没有忘记重新审定裕陵地宫清理的方案。审定后的方案再一次逐级上报文物主管部门进行请示。这一回，虽然河北省文化局认为上次自己没有批准，清东陵自己就把开启裕陵地宫的事情搞妥，面子上多少有些不大好看，起码说明领导有些不大支持基层工作，但既然国家文物局都已经同意了，更何况开启裕陵地宫也是河北省的大事、好事，于是河北省文化局很快就同意了，并且派熟悉业务、经常与各文物基层单位进行联系、经验丰富的赵辉来到清东陵，监督指导裕陵地宫的开启工作。

对于清东陵来说，现在是"万事俱备，只欠东风"了。在开启之前，清东陵文物保管所的干部召开了一次准备工作会议，会议最终决定先开始试掘，找到孙殿英匪徒挖掘的盗洞口后再正式发掘。裕陵地宫，即将成为清朝皇陵中第一座开启的皇帝陵墓，更准确地说，它的开启揭开了我国清朝皇陵考古史上的新篇章。

第二章
再现历史辉煌

裕陵建于清朝鼎盛时期，当时国家强大，财力雄厚，因此规模宏大、建筑完备，是清朝陵寝营建最成熟时期的代表作。其地宫葬有乾隆帝、孝贤纯皇后、孝仪纯皇后、慧贤皇贵妃、哲悯皇贵妃、淑嘉皇贵妃，共六人。

"十全老人"的遗憾

嘉庆元年（1796）的第一天，古老的北京城沉浸在一片喧闹声中，紫禁城内外更是异常繁忙。中国历史上最后一次也是清朝历史上唯一的一次禅位仪式，在热烈隆重的气氛中开始了。

整个大典仪式以紫禁城的太和殿为中心。

在太和门外设卤簿、步辇，午门外设置五辂及驯象、仗马、黄盖、云盘等。中和韶乐、丹陛大乐即导迎乐齐备，分别设于太和殿前檐下及太和门之内、午门之外。太和殿内陈放着拜褥、诏案、表案，上面陈放着传位诏书及群臣贺表。御座左边的桌几上陈放着从乾清宫恭请来的象征国家权力的"皇帝之宝"大印。大学士二人立于殿檐下，内外王公及文武百官集于殿外序立，朝鲜、安南等外国使臣排列其后，静候太上皇帝和嗣皇帝的到来。

典礼仪式共分两部分进行。第一部分为授受仪典，嗣皇帝颙琰先陪太上皇帝乾隆帝到奉先殿、堂子两处行礼，随后回宫更换朝服，再到乾清宫恭请太上皇帝启驾。在中和韶乐"元平之章"的乐曲声中，太上皇帝升御太和殿，阶下鸣鞭三次，起奏丹陛大乐，颙琰先于殿内西向站立，再由礼部堂官引导至殿中拜位。这时，鼓乐齐鸣，所有文武官员皆跪伏殿内，听宣表官跪展宣读传位诏书。随后，大学士二人恭导颙琰至御座前俯伏跪地，由乾隆帝亲自授给嗣皇帝"皇帝之宝"，颙琰跪受之。嗣皇帝颙琰率领群臣再向乾隆帝行三拜九叩大礼，阶下鸣鞭三次，奏中和韶乐"和平之章"，恭送太上皇帝乾隆帝起驾还宫，在宫内接受内庭主位、公主、福晋以及未受封爵的皇孙、皇曾孙、皇玄孙的庆贺礼。第二部分是嗣皇帝登极典礼，接受文武百官的朝贺。嗣皇帝颙琰于保和殿暖阁更过礼服，在礼部堂官及内大臣的簇拥下升登太和殿金龙宝座，鸣鞭、奏乐如前，宣表官宣读贺表，王公以下官员及外藩各国使臣于殿前向新皇帝行三跪九叩礼，大学士恭放传位诏书于丹陛所设黄案之上，众臣再行三叩礼。礼成，皇帝还宫。众臣则至天安门排列序立，由鸿胪寺官员登上天安门城楼，恭宣太上皇帝传位诏书，众大臣跪，山呼万岁，登极大典完成。历史上新的一天开始了，乾隆帝从这一天起便开始了他的太上皇帝生活。

这是清王朝唯一的一次授受大典。已在位六十年、年已八十五岁高龄的乾隆帝实行禅让，将皇帝宝座让给了皇十五子颙琰，乾隆帝则被称为"太上皇帝"。用乾隆帝自己的话来讲，鉴

太上皇帝之宝　　　　　　　"太上皇帝之宝"宝文

于祖父康熙帝在位六十一年驾崩，自己以不超越祖宗和功高盖祖为名才禅让的，实则主要是为了祈求长寿。

雍正十三年（1735）九月，乾隆帝在举行即位大典时就有了这个传位念头。他在焚香告天时曾亲口说："昔皇祖御极六十一年，予不敢相比，若邀穹苍眷佑，至乾隆六十年乙卯，予寿跻八十有五，即当传位皇子，归政退闲。"其祖父康熙帝六岁即位，在位六十一年，终年六十九岁，在以往历代帝王中已属高寿。而乾隆帝二十五岁登基，六十年后已达八十五岁高龄。因而，我们不难猜想：乾隆帝虽然在口头上表示自己不敢同皇祖比在位六十一年之数，但其心中所希望的则是在寿数上高于祖父康熙帝。

"古稀天子"之称是乾隆四十五年（1780）乾隆帝七十大寿之后最得意的一个美称，以致"古稀天子"之印是乾隆帝晚年最得意的御宝。因为乾隆帝认为大清帝国"得国之正、扩土之广、臣服之普、民庶之安"皆为自己"文治武功"政绩。乾隆帝的"文治"表现于他在政治、经济上的作为和文化上的贡献。即位初期，

"古稀天子之宝"及宝文

乾隆帝在政治上矫其祖宽父严之弊，实行"宽严相济"之策，整顿吏治，厘定各项典章制度，优待士人，安抚雍正朝受打击之宗室。经济上奖励垦荒，兴修水利，全国呈现出一派繁荣昌盛之势。乾隆帝学识渊博，儒雅风流。他通晓满、汉、蒙古、藏、维吾尔五种语言和文字，一生著文吟诗，编成《御制文集》四集，一千三百五十余篇；《御制诗集》六集，四百三十四卷，收录了诗作四万余首，如果加上他当皇子时的《乐善堂全集》诗作，总计五万余首，其中不乏具有历史价值的佳作。相对于"文治"来说，乾隆帝的"武功"则表现在他是一位杰出的军事指挥家，利用清朝强大的军事力量和少数民族之间的隔阂，他曾两次平定西北的准噶尔部，一次平定新疆回纥部，两次征服西南的大小金川，一次镇压台湾林爽文起义，一次出征缅甸，一次出征安南和两次出征廓尔喀。乾隆五十七年（1792）十月初三日，八十二岁的乾隆帝亲撰《御制十全记》，用以记述自己一生十全武功的政绩，并自诩为"十全老人"。

嘉庆三年（1798）春，乾隆帝的玄孙载锡成婚，已八十八岁高龄的乾隆帝亟盼载锡能来年生子，好使自己在玄孙之外再见来孙。另外，乾隆帝最大的愿望就是希望自己能再活上十二年达到

一百岁,开创一代帝王年龄史上的新纪元。这年八月,他在一首诗中道出了自己的这种心情:

> 仰望如霄上,俯临欣目前。
> 一身亲七代,百岁待旬年。
> 愿谓元者勉,喜瞻来者连。
> 自谓不知足,又愿庶应然。

然而,虽然每个人心中都有美好的愿望,也是一种期待,这种愿望却是一种奢侈,因为这种愿望往往是在不容易实现的情况下才产生的。青春如菜刀,刀刀催人老。人终究一死,即使是九五之尊的皇帝也是如此。作为一代睿智帝王的乾隆帝更是明白其中的道理,于是对于自己的后事,他做了一些安排。例如,关于丧礼规定:只需依照历代帝王先例,以日易月,二十七日除服及百日之内不准剃发,而不得仿行古礼,行三年之丧;关于身后庙号,规定只能称"宗",而不得称"祖"。

嘉庆四年(1799)正月初三日清晨,在中国封建社会皇帝中掌权时间最长、寿数最高、亲见五代、自诩"武功十全"的乾隆帝拉着他精心挑选的接

"十全老人之宝"及宝文

班人——嘉庆帝颙琰，带着许多意想不到的遗憾，十分不情愿地离开了人世，终年八十九岁。实际上他享受八十九岁的年龄只有三天。他死后是很难瞑目的，因为他有许多本来认为可以实现的愿望竟没有实现。

遗憾一：他和他以前的大清皇帝都不是嫡出，也就是说都不是皇后所生，而是皇帝的妃嫔所生的。于是他决心从自己的下一代开始，以后清朝各帝都改为嫡出。为了实现这个愿望，他曾先后想立孝贤纯皇后生的皇二子永琏和皇七子永琮为皇位继承人，可令他万万没有想到的是他的这两个龙儿都没那福分，享年不永，都成了历史上的匆匆过客。最后不得不让令懿皇贵妃生的皇十五子颙琰继承了皇位。他的这一愿望成了泡影。

遗憾二：早在嘉庆三年（1798）乾隆帝八十八岁的时候，乾隆帝就下令成立了以大学士和珅为首的庆祝他九十岁万寿庆典处，指示其规模按康熙帝在位六十年庆典和自己八十岁万寿庆典规模办理。自此，乾隆帝天天盼望着这一天的到来。可没想到八十九岁那年的元旦刚过三天，自己就撒手人寰了。这怎能不是他深深的遗憾呢！

遗憾三：在嘉庆元年（1796）三月爆发的白莲教农民大起义，声势浩大，波及五省，给清王朝的打击极大。嘉庆三年（1798）和四年（1799）正是这场农民起义势头正猛、清廷镇压屡受重挫的关键时刻。号称"武功十全"的乾隆帝对此却也是束手无策，一筹莫展，整日忧心忡忡，这成了他的心病。就在嘉庆四年（1799）正月初三日早晨，他临死之前还作了一首《望捷诗》。诗曰：

三年师旅开，实数不应猜。

邪教轻由误，官军剿复该。

领兵数观望，残赤不胜灾。

执讯迅获丑，都同逆首来。

他拉着嗣皇帝嘉庆帝的手，眼望着白莲教起义的西南方，痛苦地咽下了最后一口气。白莲教大起义在他生前爆发，越扑越旺，这是对他这位武功十全、超迈千古皇帝的绝大讽刺。他在临终时怎会不留下深深的遗憾！

然而使这位老人更意想不到的遗憾，不，应该说是震惊、愤怒、无可奈何的悲伤还在后面等待着他，那就是他的陵寝被炸，盗犯毁棺抛尸、盗空珍宝、逍遥法外！当然他死的时候根本还没有想到这些，他死的时候只是简单地想到了风光体面地住进属于自己的另一个世界。

嘉庆四年（1799）九月十五日，乾隆帝棺椁风风光光、隆重地入葬裕陵地宫。那时候的裕陵地宫，早有他的五个女人等在那里了，她们是孝贤皇后、孝仪皇后，慧贤皇贵妃、哲悯皇贵妃、淑嘉皇贵妃。

一座皇帝陵代表一个朝代的故事，这位皇帝的时代随着陵寝地宫石门的关闭而结束。然而乾隆朝留下的故事则还在继续着、延伸着。在这个故事里，乾隆帝不仅是谱写者，是故事的创造者，更是故事的主人公。这个故事就是决定清朝后来皇帝陵寝选地的"昭穆制度"。

为了祖宗香火

裕陵坐落在清东陵的第一位主人——顺治帝的孝陵西侧的胜水峪，与他的祖父康熙帝的景陵一起形成对孝陵的左依右傍、左陪右护之势。

《礼记·祭义》中说："众生必死，死必归土，此之谓'鬼'。骨肉毙于下，阴为野土。"中国传统文化以儒家文化为主。儒家思想以"忠""孝"为主旨，"生养死葬"是尽孝的一个最基本的标准。儒家本着"事死如生""事亡如存"的观念开创了我国丧葬礼制的先河。

乾隆帝是大清国在北京的第四位皇帝，顺治帝是第一位，康熙帝是第二位，雍正帝是第三位。而此时的东陵只有两位皇帝来聚齐，缺少了雍正帝。那么，雍正帝葬在了哪里？原来，雍正帝中途变卦，将陵寝改葬在河北易县境内的永宁山下，从此有了西陵。那么，按照"子随父葬"的传统，乾隆帝应该陪伴在他的父亲雍正帝身边，为什么他却葬在了遵化的东陵呢？

原来，入关后的清朝皇帝在河北的遵化和易县营建了两处皇家陵园，遵化的叫"东陵"，易县的叫"西陵"。由于两处陵园都是依山傍水、风景秀丽的风水宝地，如何选择皇帝的万年吉地问题，便摆在了乾隆帝的面前。对此，乾隆帝颇费了一番脑筋。考虑自己若在易县皇父泰陵旁边建陵，那后世子孙势必纷纷效仿，都建在西陵，那么遵化东陵的孝陵、景陵将日远日疏，因而冷落了东陵。为了平衡两陵的关系，乾隆帝决定在孝陵、景陵附近选择自己的陵址。

嘉庆元年（1796）十二月二十二日，乾隆帝发布一道谕旨对此做了明确的规定：

> 向例，皇帝登基后即应选择万年吉地。乾隆元年，朕绍登大宝，本欲于泰陵附近地方相建万年吉地，因思皇考陵寝在西，朕万年吉地设又近依皇考，万万年后，我子孙亦思近依祖父，俱选吉京西，则与东路孝陵、景陵日远日疏，不足以展孝思而申爱慕。是以朕万年吉地建在东陵界内之胜水峪，若嗣皇帝及孙曾辈，因朕吉地在东择建，则又与泰陵疏隔，亦非似续相继之义。嗣皇帝万年吉地自应于西陵界内卜择，著各该衙门即遵照此旨，在泰陵附近地方敬谨选建。至朕孙缵承统绪时，其吉地又当建在东陵界内。我朝景远庞鸿，庆延瓜瓞①，承承继继，各依昭穆②次序，迭分东西，一脉相连，不致递推递远。且遵化、易州两处，山川深邃，灵秀所钟，其中吉地甚多，亦可不必于他处另为选择，有妨小民田产，实为万世良法。我子孙惟当恪遵朕旨，溯源笃本，衍庆延禧，亿万斯年，相承勿替，此则我大清无疆之福也。此谕。

在这道谕旨中，乾隆帝不但说明了他将陵址选在东陵的原因，

---

① 瓜瓞：原指大瓜和小瓜；瓜大者称为"瓜"，瓜小者则称为"瓞"，用此比喻子孙繁衍昌盛。
② 昭穆：古代宗法制度，宗庙次序，始祖居中，以下父子（祖、父）递为昭穆，左为昭，右为穆。《周礼·春官·小宗伯》"辨庙祧之昭穆"。郑玄注："父曰昭，子曰穆。"这种方法也用于墓地葬位的左右次序。《周礼》说："先王之葬居中，以昭穆为左右。"祭祀时，后代子孙也按此种规定排列行礼。

还做出了独具特色顾全大局的"昭穆相建"的硬性规定，即若父葬在东陵，则子葬在西陵；父葬在东陵，当儿子的就应葬在西陵。也就是说，雍正帝葬在了西陵，乾隆帝就应葬在东陵，那他的儿子就应葬在西陵，他的孙子又将葬在东陵，依此类推。并且，乾隆帝唯恐他的哪位子孙像他父亲雍正帝那样，另立门户，再整出一个什么新的南陵或北陵来，为此，嘉庆二年（1797）三月十五日，乾隆帝再次发布一道谕旨，做出专门的规定：皇帝死后，不葬东陵就葬西陵，不能再开辟新的陵区了。

乾隆帝的良苦用心自然有他的先见之明，他的孙子道光帝还真差点给大清国整出来一个新的陵园。好在大清国的臣子们还能坚持祖制，虽然没有按照乾隆帝规定的"昭穆次序、隔代埋葬"的规矩办，但之后的皇帝还是基本执行了这个祖宗规定，最终使大清帝国统治中国时期，东陵和西陵的香火繁盛，永续了下来。

当时，为了让这个制度更有说服力，也为了证明自己的做法圣明，乾隆帝在颁布谕旨之前就是这样做的，他将自己的陵寝建在了远离自己皇父的东陵境内。同时，将自己儿子嘉庆帝的陵址确定在了西陵。

一个民间传说

据说，世界上第一本研究"死"的著作，是古埃及的《死者之书》，它被记载于七千年前的棺材盖上。在成千上万的古埃及人中，历代法老最关心的都是对死亡的研究。他们自命不凡，掌握着各种至高无上的权力，希望自己长生不死。然而遗憾的是，大自然法则对法老并不格外关照，这些"有权扭转乾坤的人"最终也难免一死。于是，在世的法老们，便千方百计地探索长生不老的方法门道。作为统治者的皇帝，在对"死亡"无奈时，自然会想到自己在阴间也要"荣华富贵"，希望在"灵魂的大骗局"中长治久安，用无形的绳索捆住自己的臣民，即使自己死了也永远是统治者。在这种信仰的驱动下，他们寄希望于"风水"。于是，他们在生前花费几年甚至几十年的时间，选择一个"风水"好的长眠之地，不仅自己死后能过上美好生活，子孙后代也会兴旺发达，永享富贵荣华。

乾隆帝为了给自己选择一个风水宝地，达到意想中的标准，在看了臣僚们呈上的陵地绘图后，又亲自带领术士和亲信大臣来到东陵的胜水峪察看，之后才最终决定"点穴"。所谓的"点穴"，其实就是要确定地宫中的金井位置，也就是陵寝地宫中放皇帝棺椁的位置。这个位置的确定非同寻常，它预示着皇帝未来的归宿。至今，在清东陵一带仍流传着乾隆帝亲自点陵穴的故事。

乾隆帝的陵址确定在胜水峪后，紧接着就是举行点穴礼。为了表示重视，乾隆帝亲自主持这一典礼，他提前四天就起驾离京，住进了东陵隆福寺行宫。乾隆帝学识渊博，才华横溢，对《易经》颇为精通。他为了验看陵穴点得准不准，在正式点穴的前一天，换上了便装，带着几名贴身侍卫和太监，秘密溜出行宫，先来到胜水峪一探。只见那里遍地芳草萋萋，野花馥郁，流水潺潺。望北山，王气葱郁，龙脉绵延。验土质，细腻无沙。胜水峪确实是难得的上吉佳壤。乾隆帝内心喜悦无限，更加佩服相度大臣和风水官员的眼力。乾隆帝在胜水峪转来转去，东瞧西看，南观北眺，最后站在一处，从怀里掏出一只玉扳指，孔朝上，埋进了土里。然后把手一挥，返回了行宫。

第二天清晨，骑驾卤簿全设，乾隆帝身穿礼服，坐着十六抬大轿，在文武百官和太监、侍卫的保护下来到胜水峪，端坐在事先搭好的高台正中宝座上。官员、侍卫和太监分列两侧。现任点穴官是经验丰富的钦天监①监正洪某。他精通风水，当差认真，虽然已年过花甲，但由于深受皇帝信任，仍担任着钦天监监正之职。他曾多次点过陵穴，每次点得都很准，但像今天这样，在皇帝面前，于众目睽睽之下点穴还是头一回。他深知皇上也精通风水，眼里揉不得半点沙子，稍有差错，那可了不得，轻则罢官，重则掉头。因此这一次他格外谨慎小心。典仪官高声宣布点穴吉时到，洪某迈着稳重的步子，沿着界桩走了两圈，从东到西，由南往北又走了两趟。他站在北头正中，抬头凝神望了望十里远的金星山，转过身来，又端详了一下北面的山峰，左右看了又看，前后瞧了又瞧，闭目凝神想了一下，手持金簪，神情庄重地将金簪扎入土中。然后走到皇帝面前，恭恭敬敬地行了三跪九叩大礼，奏道："请皇上验看。"乾隆帝走下看台，来到插着金簪的地方，令侍卫用手轻轻扒开金簪周围的土，露出了埋在地下的玉扳指。只见金簪不偏不斜，正插在扳指孔中。全场官员、兵丁无不惊服，一齐跪倒山呼："吾皇万岁！万岁！万万岁！"乾隆帝心中也着实佩服洪某的功力。跪在地上的洪某悬着的心也一下子落下来。乾隆帝回到看台上，重赏了洪某。

---

① 钦天监：官署名。职掌观察天文与气象、编制历书的机构。

其实，不仅选陵址是集体智慧的结晶，点陵穴也同样如此。陵穴位置是相度大臣、风水官员们经过多次现场测量，共同会商确定的。传说中的乾隆帝点穴的故事，只是为了渲染陵寝点穴的神秘性罢了。

营建"天国"

乾隆七年（1742）三月十七日，东陵的胜水峪正式确定为万年吉地。清宫档案《朱批奏折》对它的风述有如下的记载：

> 惟有胜水峪自昌瑞山落脉，龙势曲折蜿蜒，由天市而转天皇，起太阳金星，开钳吐唇。峡中之水个字分明。合襟紧凑，内结太极圆晕。外成万马明堂，立天屏而兼太微。龙穴向上，合三垣之格局。下乘三元之旺运。至于朝对端拱，主山尊严，罗城重环，水口紧密，诚天造地设之大地，应万年吉祥之佳名。

乾隆八年（1743）二月初十日丑时，胜水峪万年吉地正式动工兴建，至乾隆十七年（1752）主体工程基本告竣，先后经历九年的时光，共耗银二百零三万两。

裕陵是在清朝国势鼎盛时期修建的，整个陵寝的建筑次序由南往北依次是：圣德神功碑亭、华表、五孔拱券桥、望柱、石像生、牌楼门、一孔拱券桥、下马牌、神道碑亭、神厨库、井亭、东西朝房、三路三孔拱桥、东西班房、隆恩门、焚帛炉、配殿、隆恩殿、三路一孔拱桥、陵寝门、二柱门、石五供、玉带河、方城、明楼、哑巴院、宝城宝顶以及地宫等主体建筑，陵前左侧建神厨库，神厨库南墙外是井亭，其神路南端与孝陵神路相接。裕陵规模宏大，布局完整，材料精良，工艺精湛。

乾隆十三年（1748）闰七月，胜水峪万年吉地工程处接到了乾隆帝的一道谕旨，令万年吉地所有殿宇内地面均用花斑石铺墁。什么是花斑石呢？凡是去过北京紫禁城的人，只要细心就会发现太和殿、保和殿、乾清宫、坤宁宫等宫殿的前廊内铺墁的都是花斑石。皇陵用花斑石早在明朝就已有之，嘉靖帝的永陵和万历帝的定陵的方城、宝城雉堞都是用花斑石砌的。后来，嘉庆帝的昌陵隆恩殿内地面也用花斑石铺墁。这种石料非常名贵，上面天然形成的各色花斑组成各种不同的图案，或如竹笋，或如春蚕，或如绒珠，千姿百态，极为好看，虽为天成，却宛如人造。可是后来的事实表明，裕陵各殿的地面依然是金砖铺墁。究竟是什么原因让这位好大喜功的乾隆帝改弦易辙了呢？目前不得而知。

乾隆帝的裕陵与其皇父的泰陵地宫相比，做了局部改变。泰陵地宫地面原设计是用条石铺墁，大学士马尔赛等奏请，改用金砖铺墁，这是经雍正帝亲自批准的。可是在修建裕陵地宫时，却没有按泰陵的地宫做法，仍用条石墁铺墁。这说明，乾隆帝还是认为石墁地比砖墁地更结实长久。从已开放的容妃地宫、纯惠皇贵妃地宫、慈禧陵地宫、光绪帝的崇陵地宫来看，地宫地面都是用石铺墁，这表明乾隆帝将砖改为石地面还是颇有见地的，已被后世认可、效法并成为定制。所谓"金砖"，其实是一种质地坚硬、材料颗粒细腻的方砖，因敲打能发出金石之声，故名"金砖"。

裕陵虽然是效仿景陵规制营建的，但当时正值乾隆朝盛世，大清帝国财力雄厚，加之乾隆帝铺张扬厉，踵事增华，所以裕陵无论是在规制、工程质量上还是在工艺上，都超过了景陵，在清朝帝陵中堪称上乘。其中主要有三处超过了他祖父康熙帝的景陵及父亲雍正帝的泰陵。

第一处：裕陵的石像生超过了景、泰二陵。 景陵和泰陵始建时均未设石像生。裕陵在最初时因仿照景陵，所以也没有石像生。好大喜功的乾隆帝对自己的陵没有石像生有点不甘心。可是如果自己的陵设了石像生，自己祖父的陵和父亲的陵却没有，则明显有超越祖制，不孝敬祖、父之意。于是乾隆帝就给景陵和泰陵补建了石像生。这样，自己的陵再建石像生就显得理所当然了。然而，景、泰二陵的石像生均为五对，而裕陵的石像生却为八对，增加了骆驼、麒麟、狻猊各一对，其在清朝帝陵中的石像生数量位居第二，超过了祖父、父亲的陵寝。

裕陵石像生牌楼门

第二处：增建了陵寝门前的三路一孔拱券桥。景陵、泰陵二陵在陵寝门前都没有玉带河，自然也就没有任何桥梁。裕陵在最初设计时陵寝门前的玉带河只建三座小平桥。后来，裕陵设计方案几经修改，在陵寝门前的玉带河上建了三座一孔拱券桥。这三座桥十分新颖独特。桥栏杆的两端，改变了传统的抱鼓石形式，每端各透雕了一只蹲踞昂首的靠山龙。麟、蹄、鬃、嘴诸部位雕刻得十分精细，栩栩如生。桥栏杆采用这种形式，极为少见。这三座拱券桥，横跨于玉带河上，显得格外玲珑精美，与以红、黄为主色的庄重的陵寝门彼此映衬，交相辉映，倍加赏心悦目。这在清朝陵寝中是唯一的三路一孔拱券桥。不仅超越了景、泰二陵，也超过了他曾祖父的孝陵。孝陵的玉带河上只是三座平板桥，裕陵这样，成为清陵中的孤例。

第三处：增建了两座三孔平桥。在裕陵隆恩门前的马槽沟三路三孔拱券桥的左右两侧，各建有一座三孔平桥。景陵、泰陵的两旁均没有这种设置，裕陵是首创。这不仅方便了陵上员役日常的通行，又进一步完善了陵寝制度。从此成为后世帝、后陵仿效的模式。

不仅如此，乾隆帝的裕陵还有六个独特的创意。

其一，首创人力培堆砂山。砂山就是指那些陵寝两侧的小山，其主要作用是遮挡风沙，使陵寝处于一个独立的小环境之中。另外，砂山还有遮挡外界视线、美化环境的作用。孝陵、景陵、泰陵等最早修建的陵寝，陵园内选择的余地大，所以陵寝两侧的砂山都是自然山。后来的陵寝所在之地虽然也不失为风水宝地、上吉佳壤，但在山势围护上或多或少都有某些方面的缺陷。所以后来的陵寝砂山、后宝山、案山等多为人工培堆起来的，以弥补山势的不足。裕陵距昌瑞山山坡较远，完全建在平地上，没有形成培护之势，为了弥补这方面的不足，其四面的砂山均为人工培堆的。在清陵中，裕陵是第一座用人工培堆砂山的。

其二，东面设两座砂山及两条马槽沟。在裕陵东面，出于风水的考虑，培堆了两座砂山并修建了两条马槽沟，即裕陵陵院东墙外依次为马槽沟、砂山、马槽沟、砂山。裕陵东面砂山及马槽沟的这种设计方式，奇特且为孤例。

其三，桥栏杆柱头改变。孝陵、景陵的三路三孔拱券桥的栏杆柱头是二十四节气。而裕陵三路三孔拱券桥的栏杆柱头则为龙凤柱头。这在清东陵是首创。

其四，皇帝陵首建佛楼。佛楼也叫"仙楼"，顾名思义就是供设佛像和与佛有关的物品的地方。乾隆帝的生母孝圣宪皇后生

裕陵东马槽沟及砂山

前笃信佛教，所以乾隆帝在给他的生母营建泰东陵时，特地在隆恩殿东暖阁内建了一座佛楼。这是清朝皇陵中建的第一座佛楼。后来，乾隆帝在自己的裕陵隆恩殿的东暖阁内也建了佛楼。这是清朝皇帝陵中，第一个将隆恩殿内的东暖阁建为佛楼的。裕陵隆恩殿佛楼为上、下两层，楼顶为毗卢帽形，有帝龙垂柱，上雕精美的如意云、工王云等，贴饰金箔。佛楼里不仅供放大量佛像，而且陈设了大量珍宝、名人书画、御笔书画，乾隆帝悼念孝贤纯皇后的五件剔红挂屏诗匾也悬挂其间。自裕陵首建佛楼后，以后各皇帝陵的隆恩殿大多数的东暖阁也设佛楼，成为定制。

其五，石五供精雕细刻。裕陵以前的帝后陵的石五供，炉、瓶、烛台上皆为光素。而裕陵石五供香炉的炉顶，花瓶上的灵芝花、烛台上的蜡烛连火焰与炉、瓶、台均为一块石料琢成。五件器体上均雕刻兽面纹或万蝠流云；无论是炉顶、灵芝花还是蜡烛火焰，均用马鞍山产的名贵的紫砂石雕刻，然后安插到炉、瓶、烛台上。经过裕陵的这一改创，使石五供更加精美豪华，雍容华贵。从裕陵开始，以后各帝后陵，除昌陵因受泰陵影响外，都以裕陵为模式，成为制度。

其六，裕陵地宫雕刻经文、佛像。根据迄今为止的研究成果，泰陵及以前的清陵地宫未发现有雕刻经文、佛像的记载。泰东陵是清陵中第一座地宫里雕刻经文、佛像的。裕陵是清朝皇帝陵中第一座地宫雕刻经文、佛像的。

陵寝内外的树木是陵寝不可或缺的组成部分。这些树木不仅有壮观瞻的作用，还有遮挡风沙、制造陵寝独立气候、滋润净化空气的作用。所以历代皇家都格外重视。清朝陵寝的树木分两种。

裕陵三路三孔拱券桥之云凤柱头

裕陵三路三孔拱券桥之云龙柱头

一种是仪行树，这种树栽在陵院、砂山和神路两侧。因为成排成行，所以叫"仪行树"，简称"仪树"。每座陵有多少仪树，皇家都有明确的记载。另一种是海树，这种树在仪树之外，其数量比仪树大很多，布满整座陵园。放眼望去，就像树的海洋一样，所以称之为"海树"。

据《昌瑞山万年统志》记载，裕陵仅仪树就有一万一千零七棵。令人感兴趣的是，在裕陵方城前左右和神道碑亭左右，各有一棵蟠龙松，这是裕陵的一道风景线。

蟠龙松什么样？《昌瑞山万年统志》有这样的描写："蟠龙松均高不及丈，枝干横斜，广荫数亩，架以朱栏，有鳞鬣开张，屈曲纷拏之状。"

裕陵的正式完工，有力地说明了大清帝国的丧葬规制自从被雍正打破"子随父葬，祖辈衍继"之后，在乾隆朝又一次变迁，从而形成了中国历代王朝葬丧史上的独特规制和景观。

一座皇陵不仅仅是埋葬皇帝和后妃的地方，还是这个朝代的历史载体。挥霍巨大社会财富建造皇陵，也只是为了封建帝王一个人在阴间的拥有和享受，以及这个家族天下的繁荣与延续。

两个不解之谜

裕陵工程虽然完工于乾隆十七年（1752），但此时的工程建筑项目中不包括圣德神功碑亭。圣德神功碑亭是当朝皇帝死后，后世皇帝为之建立的。圣德神功碑亭与神功圣德碑亭的建筑规制和功能相同，均俗称"大碑楼"（笔者注：在这里为了方便书写，下文均用俗称"大碑楼"代之）。其区别主要是，顺治朝包括顺治朝以前的大碑楼称"神功圣德碑亭"，只立单碑；康熙朝及康熙朝以后的大碑楼称"圣德神功碑亭"，且立双碑。其原因是，顺治朝及前朝是开疆拓土、建功立业打天下，故"神功"二字在前；康熙朝及后朝，则是守护祖宗疆土维护天下，故"圣德"二字在前。康熙帝景陵的圣德神功碑亭之所以立双碑，是因为他的儿子雍正帝写的碑文字数太多，一碑无法刻下，只能刻在双碑之上，东碑为满文碑，西碑为汉文碑。后世效仿之。

然而，裕陵圣德神功碑亭的建造有些令人不解。乾隆帝知道自己死后，嗣皇帝也会给自己建圣德神功碑亭，于是在乾隆五十二年（1787）三月十一日颁谕说：将来胜水峪建立圣德神功碑时，即仿照新修前明长陵碑亭式样，发券成造。其规模大小不

裕陵弯弯的神路

可过于景陵制度。

在裕陵之前，清朝在关内已建了三座大碑楼，遵化东陵的顺治帝孝陵大碑楼、康熙帝景陵大碑楼和易县西陵的雍正帝泰陵大碑楼。乾隆帝为什么不沿用这三座大碑楼的制度，而偏对明长陵的碑亭式样大感兴趣呢？原来，乾隆五十年（1785），清廷对明十三陵进行了一次大规模的全面修缮。乾隆帝见新修的前明长陵大碑楼的顶棚是用条石发券造的，既坚固又防火，比清陵大碑楼的木质格井天花（用天花支条和方形天花板组成）要好得多，所以才决定将来自己的大碑楼也要采用条石发券形式。乾隆帝的这道谕旨发出十二年后，他就驾崩了，嘉庆六年（1801）破土动工的裕陵大碑楼却违背了他的谕旨，仍完全仿照康熙帝景陵大碑楼的规模建造。这一点是乾隆帝生前所未曾想到的。嘉庆帝为什么不遵照乾隆帝的谕旨为之建大碑楼呢？据笔者实地调查了解，如果按照长陵大碑楼样式建造成条石发券形式，裕陵大碑楼无法建得高大宏伟。当然具体原因目前尚未查到相关的档案。

20世纪60年代中期，清东陵文物管理处古建队在进行裕陵大碑楼维修时发现，在大碑楼正脊正中的脊筒子里有一个铜质匣子，长二十八点三厘米、宽二十五厘米、厚四点七厘米，通体镀金，正面雕刻龙凤呈祥、海水江崖图案，当时不知是何物。经过查阅档案得知，此匣全称叫"上梁宝匣"。宝匣为铜质镀金，内放八物，被称为"上梁什物"。此八物为：

一是金、银、铜、铁、锡五种金属锞子各一锭，每锭重三钱。

二是红、黄、蓝、绿、白五色宝石，每色各一块。

三是红、黄、蓝、绿、白五色丝线各一绺，每绺各重一两。

四是红、黄、蓝、绿、白五色缎丁，每色各一尺。

五是五种中药即鹤虱、生地、木香、防风（或茯苓）、党参（或人参）药材各一种，每种重三钱。

六是"五香"即芸香、降香、檀香、合香、沉香五种香料，每种各重三钱。

七是五谷，即高粱、粳米、白豇豆、麦子和红谷子各一撮，称为"五谷"。

八是五经，即五页佛教的经文。

为什么要放这些东西呢？原来，在中国古代主要建筑中放这些上梁实物，是为了祈求吉祥、厌胜驱邪。

另外，生活在乾嘉年间的礼亲王昭梿在《啸亭杂录》中记载了裕陵这样一个美好故事：

> 刑部侍郎永祚言，其任工部司员时，督办纯皇帝大葬礼事。甫启地宫石门，闻有异香自隧道出，清芬可爱，如是者数日乃已。盖寝宫幽闷日久，山岳秀气所钟灵也。

《啸亭杂录》的史料在历史研究中的地位很高，而且此事的出处很明确，应该不会是妄说。但这股香气是不是"山岳秀气所钟灵"还有待进一步考证。

死后的拥有

"普天之下莫非王土，率土之滨莫非王臣"，封建制度下的国

裕陵圣德神功碑亭

裕陵圣德神功碑亭天花

家一切皆为皇帝一人所有,这就是人们常说的"富贵莫过帝王家"。

乾隆帝是个风流天子,饱读诗书,才华横溢,晚年自称"十全老人""古稀天子"。他生前酷爱文艺,吟诗成集,御笔文墨举国广布,常以"书生"自诩。他曾说:"朕自幼读书宫中,讲诵二十年未尝少辍,实一书生也。王大臣为朕所倚任,朝夕左右者,亦皆书生也。……至于'书气'二字尤可宝贵,果能读书,沉浸酝酿而有书气,更集义以充之,便是浩然之气。人无书气,即为粗俗气、市井气,而不可列于士大夫之林。书气正宜从容涵养,以善培之,安可劝之使除,而反以未除者为病乎?"他广收名画名帖及珍异古玩,不但生前与之同屋,就连死后也要将其带在自己身边。这就是封建帝王讲究的"事死如事生",他们生前享受着荣华富贵,死后除了住进同样奢华的地下宫殿外,还要把生前喜爱的珍宝富贵带进阴间享受。

乾隆帝作为封建皇帝,他统治时期是清朝国力最强盛的时期,因此,他的陵寝营建得异常坚固宏伟,陵内的陈设豪华奢侈。其中,隆恩殿无异于一间珍宝陈列室。

据光绪二十三年(1897)四月的一份《裕陵各处陈设清册》记载:

东暖阁　佛楼
中暖阁　神牌位次　孝贤纯皇后(东)、高宗纯皇帝(中)、孝仪纯皇后(西)
西暖阁　慧贤皇贵妃(东)、哲悯皇贵妃(中)、淑嘉皇贵妃(西)

隆恩殿内陈设

金漆香几五件、珐琅五供一分、炉一件、花瓶二件（内插灵芝一对）、蜡扦二件（上插样蜡一对）；铜镀金香盒一件；金漆戳灯十二盏（各随黄铜蜡托盘一个）、明黄杭细单套各一件；东边设酒案二张，西边设酒案二张，每张各有明黄云缎面杭细里夹套一件、明黄油敦布夹垫子各一件、明黄纺丝油单案面各一件、明黄油敦布夹套各一件。

中阁设宝座三分、各随明黄桩缎靠背迎手坐褥足垫一分、明黄云缎夹氅单三件、明黄油敦布夹氅单三件，宝座前设连三供案一张、明黄云缎面杭细里夹套一件、明黄油敦布单垫子一件、明黄纺丝油单案面一件、明黄油敦布夹套一件。

西边（暖阁）设宝座三分、各随明黄桩缎靠背迎手坐褥足垫一分、明黄云缎夹氅单三件、明黄油敦布夹氅单三件，宝座前设连三供案一张、明黄云缎面杭细里夹套一件、明黄油敦布单垫子一件、明黄油敦布夹套一件。

（隆恩殿）暖阁三间，各挂明黄缎织金龙幔一架；东边供佛花一座（清明前一日安设，岁暮祭日请出焚化）。

中暖阁内，明黄缎织金龙夹壁衣三件、宝椅三张、明黄桩缎褥三分各随流苏四挂、明黄云缎氅单三件、明黄油敦布氅单三件、金漆戳灯二盏（各随黄铜蜡托盘一个）、明黄杭细单套各一件；龛内明黄油敦布夹地平一件、高丽凉席一领、缂丝天花壁衣一分、缂丝幔一分；宝床一张，夹布垫连明黄片金面纺丝里床刷一件、明黄片金夹足垫一件，床上设黄红绿龙褥三床褥、上设绿锦夹垫一件、檀香木架一座、明黄片金面纺丝里帷幄一件、明黄龙被三床；三镶枕三个；迎手枕六个（穗全）；硃红漆木托六个、明黄云缎夹垫二件、绿锦夹垫四件、明黄云缎面纺丝里迎手套六件、明黄油敦布夹套六件；磁痰盒三件。

西暖阁内，明黄云缎夹壁衣三件；宝椅三张、明黄粧缎褥三分（各随流苏四挂）明黄云缎氅单三件、明黄油敦布氅单三件、金漆戳灯二盏（各随黄铜蜡托盘一个）、明黄杭细单套各一件。龛内明黄油敦布夹地平一件、高丽凉席一领、明黄云缎天花壁衣一分、明黄云段幔一分；宝床一张，夹布垫连明黄片金面纺丝里床刷一件、明黄片金夹足垫一件，床上设黄红绿粧缎褥三床，褥上设绿锦夹垫一件、檀香木架一座、明黄片金面纺丝里帷幄一件、明黄龙被三床；三镶枕三个、迎手枕六个（穗全）；硃红漆木托六个、绿锦夹垫六件、明黄云缎面纺丝里迎手套六件、明黄油敦布夹套六件；磁痰盒一件。

东暖阁内，佛楼上设：花梨木边柏木心紫檀木雕花供柜一座，须弥座上嵌珊瑚十二个，前后镶嵌松儿石八块，上设紫檀木；佛龛一座，外檐随穿假珠灯四支、铜灯四支、铜匾对一副、玻璃欢门十块（内供）、铜胎佛一尊，手捧大东珠一颗（连托盘重一钱、随檀香嵌玻璃背光座）；紫檀木供案一张，佛九尊、金七珍一分、八宝一分、奔巴壶一对（内插孔雀翎吉祥草）、八铃一件；紫檀木供案八张，上供铜胎八大菩萨八尊，各随檀香嵌玻璃背光座，上各供八宝一分、金塔一对（随紫檀木座）、金檀城一对（随紫檀木座）、珐琅盆珊瑚树一对（随紫檀木座）、珐琅五供一分（随紫檀木香几）；香靠烛、香花瓶内穿珠花二枝,每枝饭粒珍珠三十二颗、蓝宝石一块、红宝石二块;穿珠欢门幡一堂、象牙灯四支、匾对一副。佛龛前,设红白毡垫一分,上铺栽绒拜毯一件(随黄布苫单一件);神龛内,靠北墙正面挂御笔雕漆挂屏一件;两旁挂御笔雕漆对一副,两旁边悬挂御笔雕漆挂屏各一件;东西墙悬挂御笔雕漆挂屏各一件(各随黄布套一件);靠北墙设楠木宝床一张,上铺白毡一条、红毡一条;上设黄缎绣金龙坐褥靠背迎手一分,随黄纺丝单苫单三件、布苫单一件。褥上设金洋皮长匣一件(内盛圣容二轴);左设红雕漆匣一件(内盛白玉如意一柄,上拴汉玦三个)、右设磁痰盒一件、紫檀木长方罩盖匣一件(内盛洋瓷珐琅表二件,珐琅不全);宝床上,左边设紫檀木罩盖匣一件(内盛孝贤皇后挽诗一套二册)、填漆罩盖匣一件(内盛挂轴二轴,文徵明《春秋荣杖》一轴、柯九思书《九成宫醴泉铭》一轴,内轴头一件有缺)、雕漆匣一件(内盛唐狮砚滴一件,紫檀木座)、紫檀木二层罩盖匣一件(内盛汉玉玩器十九件,内五件有磕缺)、紫檀木商丝圭壁罩盖匣一件(内盛汉玉印色圆盒一件,宝二方,磕缺)、紫檀木长方罩盖匣一件(内盛成窑五彩盅二件)、填漆二层盒一件(内盛手卷四卷,一层赵孟頫《秋郊饮马图》一册、钱选《孤山图》一册;下层邓文远章草真迹一册、赵孟頫书《道德经》一册。俱有渍脏)。宝床上右边设紫檀木嵌银片字罩盖匣一件(内盛定磁小钟一对,紫檀木座,缺釉)、紫檀木提梁匣一件(内盛白玉靶盅一件,紫檀木商丝座)、御临董其昌仿各家书法册页一套(计二册);花梨木匣一件(内盛官窑木瓜盘一件,紫檀木座;甲,缺釉;口,有磕)、填漆方匣一件内盛歌窑圆洗一件（紫檀木座，缺釉）、紫檀木描金匣一件（内盛汉玉三喜壁一件）、填漆长方匣一件（内盛册页二页，董其昌一册，字心渍脏；马远一册，虫蛀）；左边设方几一张，上罩黄云缎夹套一件，上设御笔《十全老人之宝说》玉册十页（一页有缺，俱有透绺，随黄缎套一件）、右边设方几一张，上罩黄云缎夹套一件，上设玉宝一方（有绺），随黄缎套一件。楼檐下，正面悬御笔雕漆匾三面。东墙上向西悬御笔雕漆匾二面。靠东墙设紫檀木大案一张（案面裂缝，边腿残损），上设御制石鼓文序一册（砚十方，紫檀木玉字三层匣盛，栏杆牙残缺不全）、《佛说无量寿佛经》一册（红雕漆匣盛）、御制《鸡雏图》桌屏一件（字有亏缺，开膘）、御制《缂丝心经》一册（紫檀木匣盛）、玉万年甲子一分、玉十二辰十二件（紫檀木罩盖盒盛）；青玉方盒一件（内盛册页一册）、紫檀木嵌螺甸匣一件（内盛玛瑙晶图书八方，俱有磕）、玉板金刚经一匣（计十二块，内二块透绺）。金漆玻璃罩匣盛、紫檀木嵌螺甸匣一件（内盛御制诗一册）、圣制《抑斋记》碧玉册页一分（计玉板八块，内一页缺二处。紫檀木嵌金银片匣盛）、碧玉宝一方。靠西墙设大案一张（随明黄云缎单套一件），上设青玉宋龙执壶一件（透绺磕缺）、青玉宋龙杯盘一分（计二件，透绺磕缺）。楠木插盖匣盛、金胎西洋珐琅小执壶一把（上嵌珊瑚顶一个，瑯不全蜡补）、金胎西洋珐琅杯盘一分（计二件，瑯不全蜡补，楠木插盖匣盛）、金胎珐琅西番花杯盘二分（计四件，瑯不全蜡补）。楠木插盖匣盛、银里葫芦碗一件（随盖，碗有缺）。楠木插盖匣盛、珊瑚顶小金多木二件（每件上嵌红宝石四十块，小正珠三十六颗，每件重二十两五钱）。楠木插盖匣盛、御题诗青白玉碗二件（一件随盖，碗透绺）。楠木插盖匣盛、青白玉执壶一件（透绺磕缺）、青白玉双鹿耳杯盘一分（计二件，透绺磕缺）。楠木插盖匣盛、金胎珐琅西番莲朝冠耳杯一分（计二件，琍不全蜡补，楠木插盖匣盛）、御题诗红花白地磁盖盅二件（缺釉），楠木插盖匣盛、御题诗青白玉盅一件（磕绺），楠木插盖匣盛、焦叶式青白玉渣斗一件（透绺有磕）、白玉渣斗一件（有磕透绺），楠木插盖匣盛、银里葫芦盅二件（风裂），楠木插盖匣盛、青玉碗二件（透绺有磕），楠木插盖匣盛、青白玉碟二件（透绺有磕）。楠木插盖匣盛、青白玉碟二件（透绺有磕），楠木插盖匣盛、诗意菱花双耳白玉碗一件（透绺有磕），楠木插盖匣盛、御题诗双耳拱花青玉碗一件（透绺有磕），楠木插盖匣盛、御题诗金里红雕漆盅二件（漆磕蜡补字有缺），楠木插盖匣盛、御题诗碧玉碗一件（透绺有磕），楠木插盖匣盛、御题诗《扎骨扎牙》木碗一件（有缺，随铁镀金錾花碗，镀金不全），楠木插盖匣盛、白锦地红龙瓷钟二件（缺釉），楠木插盖匣盛、嘉窑青花白地人物瓷盅一件（缺釉），楠木插盖匣盛、彩填漆春寿长方茶盘一件（蜡补），楠木插盖匣盛、汉玉靶金义子一把（玉靶透绺）、御题诗汉玉靶镶掐银丝紫檀木银义子一把（玉靶透绺），楠木插盖匣盛、青白玉小盖盒一件（磕绺），楠木插盖匣盛、御题诗白玉盅一件（磕缺透绺），楠木插盖匣盛、青白玉碟一件（磕缺透绺），楠木插盖匣盛、御题诗五彩人物鸡缸瓷杯二支（缺釉），楠木插盖匣盛、黑漆里葫芦碟一件（风裂），楠木插盖匣盛、玛瑙盅一件（有璺），楠木插盖匣盛、银里葫芦碗一件（碗有缺），楠木插盖匣盛、陵图一轴（楠木匣盛），随黄云缎氅单一件，两旁设金漆戳灯各一盏，各随黄铜蜡托盘一个，杭细单套各一件。当中设楠木香几一件，上设锡香炉一个。两旁设楠木戳灯一对，随锡烛盘一对。前设拜垫一件，随黄纺丝氅单、布氅单各一件。东边设珐琅火盆一件（紫檀木座）。

奠酒并陈设应用：金器一件（系三等金素折盂），重一百两五钱；镀金银器十一件（内有茶桌云叶），共重三百七十六两五钱；银器十二件（共重三百八两七钱）；镀金银云叶花梨木茶桌一张（殿贮）；铜胎珐琅执壶一件；金胎珐琅杯盘一分（计二件）；铜胎珐琅碗盖一件（殿贮）。

高宗纯皇帝、孝贤纯皇后、孝仪纯皇后三位案前，膳房、饽饽房应用：各镀金银器共一百零五件（共重一千四百七十两九钱），各镀金银镶牙箸二支，外镀金银有盖耳碗一件（重二十两，系皇帝位前用）。

慧贤皇贵妃、哲悯皇贵妃、淑嘉皇贵妃三位案前，膳房、饽饽房应用：各镀金银器共二十四件（各共重三百六十两），各银器共六十五件（各共重七百六十七两四钱九分），各镀金银镶牙箸二支。

这份清单详细记载了裕陵隆恩殿的神牌位次、陈设、装饰、尊藏以及祭祀器皿等物品。这让世人了解到当时这些物品的种类不仅丰富多样，而且价值连城，是珍宝中的极品。

嘉庆四年正月初三日（1799年2月7日），八十九岁高龄的乾隆帝病死于养心殿，同年九月十五日葬入裕陵地宫，与乾隆帝同时葬入地宫的还有大量的随身物品。对此，清宫档案《乾隆穿戴档》有如下的记载：

穿戴去：头戴天鹅绒绣佛字台正珠珠顶冠（上饰珠顶一座，珠重三钱七分，金托重二钱九分）；身穿绣黄宁绸绵金龙袍；石青缎缀绣金龙补子绵长褂；鱼白纺丝小棉袄；鱼白素绸棉袄；灰色素绸绵中衣；鱼白春䌷中衣带；佩雕珊瑚嘛呢字朝珠一串（上有青金石佛头塔、金镶珂子、背云上嵌珂子各一块，小正珠八颗，珂子大坠角、松石纪念，蓝宝石小坠角、加间三等正珠十颗，珊瑚蝠二个）；铜镶珂子四块瓦大鞓带一副（上拴飘带一副，随铜镶珂子飘带束）；蓝缎褡金银线珊瑚云大荷包一对；绣黄缎三等正珠豆小荷包一个（计珠四颗）；红缎褡金银线松石豆小荷包一个；绣黄缎火镰一把；饰三等东珠压豆；红缎褡金银线松石豆小荷包一个；红缎褡金银线四等正珠豆小荷包一个（计珠四颗）；青缎褡金银线珊瑚豆小荷包一个；牛角商丝鞘花羊角靶小刀一把；牛角商丝牙签盒一件；鱼白春绸棉套裤；白布棉袜；青缎凉里皂靴。

随梓宫装去：天鹅绒朝冠一顶（随朝冠顶一座，大正珠顶重二钱六分七厘，东珠十五颗，重六钱三分六厘，金重九钱九分）；得勒苏草折绖缨冠一顶（缎面珠重一钱八分五厘，黄绦丝面片金边绵朝袍一件，珊瑚背云二块，珊瑚坠角四个，加间饭块正珠八颗）；绣黄缎绵金龙袍二件；石青宁䌷绛丝金龙绵褂一件；石青缎缀金龙补子绵长褂一件；蓝宁绸绵长襟袍一件；石青缎绵长褂一件；白纺丝衫一件；扁核桃朝珠一盘（珊瑚佛

裕陵隆恩殿东暖阁佛楼上部

头,松石塔:上有砢子背云,二等饭块正珠大坠角,松石纪念,红黄蓝宝石小坠角,加间四等饭块正珠五颗,红宝石豆一个,青金珠八个);伽楠香朝珠一盘(珊瑚佛头塔纪念:上有金镶蓝宝石背云,碧牙瑶大坠角,蓝宝石小坠角);金镶松石四块;瓦圆朝带一副(铜底板共嵌头等东珠二十颗,乌拉正珠八十颗,上拴金镶松石手巾束一对,共嵌乌拉正珠六十颗);蓝白春绸手巾;蓝缎褡金银线葫芦大荷包一对(计东珠云六颗,附坠角八个,东珠十六颗);绣黄缎火镰一把(上有四等东珠压豆);红缎褡金银线松石豆小荷包一对(计珠四颗);金镶红宝石松石青金鞓鞘花羊角靶小刀一把;金镶红宝石松石青金牙签盒一件;白玉八块;瓦大鞓带一副(上拴飘带一副,随白玉飘带束);蓝缎褡五彩线松石云大荷包一对;红缎褡金银线松石豆小荷包一个；青缎褡鹿绒小荷包一个；青缎褡金银线火镰一把（饰珊瑚压豆）；洋铜珐琅鞘花羊角靶小刀一把；洋铜珐琅牙签盒一件；石青缎绣八吉祥西番九如莲三宝珠当头黄缎绣九龙绵被一床；绣黄缎万字如意边五彩九团龙红福流云大褥一床；绣黄缎万字如意边五彩九龙虞书十二章大褥一床；绣黄缎万字如意边西番莲八吉祥中心如意大褥一床；织香色缎五彩龙绵被一床；紫妆缎褥单一个；石青缎绣八吉祥边黄缎绣蓝喇嘛字心龙凤呈祥顶枕头一个；酱色妆缎边紫心绣香色缎龙凤呈祥枕头一个；黄宁绸绒绣绵龙袍一件；朝袍、金龙袍褂等件缀去金钮子三十三个；红雕漆长方朝珠盒一个；黑漆金花长方带盒一个。

以上记载只是乾隆帝死后身上所穿及其陪葬的衣物等物品，并未包括随葬的使用物品及珍宝。至于随葬的其他物品，更是无从查找。也正因此，当一百二十九年之后的国民十七年（1928），裕陵地宫被盗后，清皇室都无法向当时的国民政府提供一份详细的丢失珍宝名单。至于裕陵地宫祔葬的其他五个后妃，其棺椁内都有哪些陪葬品及数量多少，目前更无法知道。

生者安葬死者是为了死者能够安息地下，以尽慈亲孝子之情，对死者实行厚葬，也是出于同样的考虑。然而，当国家政权发生变更、社会动荡不安时，地下埋藏着的巨大财富总是招来盗墓者的光顾。这时候的地下珍宝带给死者的不再是财富和宁静，而是灾难。

地宫里的五个女人

在裕陵地宫里,陪伴乾隆帝的有五个女人,她们是孝贤纯皇后、孝仪纯皇后、慧贤皇贵妃、哲悯皇贵妃、淑嘉皇贵妃。由于她们能死后葬入裕陵地宫,在另一个世界继续陪伴乾隆帝,这就说明这五个女人均非等闲人物。笔者根据档案记载,简单介绍一下她们的身世。

孝贤纯皇后,富察氏,满洲镶黄旗人,生于康熙五十一年(1712)二月二十二日,比乾隆帝小一岁。她是察哈尔总管李荣保之女,保和殿大学士傅恒之姐。雍正五年(1727)七月十八日,经雍正帝指婚,十六岁的富察氏与皇四子弘历成婚。雍正十三年(1735)八月二十三日(雍正帝去世当日),奉懿旨称为"皇后"。弘历即位后,富察氏被册立为皇后。她先后生了皇二子永琏、皇七子永琮和两个公主。乾隆十三年(1748)三月十一日,富察氏死于东巡回归途中的船上,终年三十七岁。

富察氏生前崇尚俭

孝贤纯皇后像

朴,从不铺张浪费。夫妻二人相敬如宾,夫唱妇随,恩爱无比。她不仅知书达理,深明大义,对待公婆极尽孝道,而且她身为统御六宫的皇后,处事公平、条理分明,仁慈宽和,深受妃嫔、太监和宫女的尊敬。因此,她的死带给了乾隆帝的巨大悲痛。为悼念爱妻,乾隆帝写了许多挽诗,还满怀深情地写了一篇《述悲赋》,真是句句含情,字字珠泪,读了令人神伤。挽诗中有一联是:"圣慈深忆孝,宫壶尽钦贤。"乾隆帝认为:"思惟'孝贤'二字之嘉名,实该皇后一生之淑德。"因此乾隆帝决定赐给富察氏"孝贤"二字。而他又突然想起皇后三年前曾要求赐以"孝贤"的谥号,而这次竟真的谥以"孝贤",如此惊人的巧合,真乃天意。于是当即令时任刑部尚书的著名文人汪由敦将这件事写入皇后的祭文中。

乾隆十七年(1752)十月二十七日,孝贤纯皇后葬入裕陵地宫。经累朝加谥,最后谥号全称为"孝贤诚正敦穆仁惠徽恭康顺辅天昌圣纯皇后",简称为"孝贤纯皇后"。

孝仪纯皇后,魏佳氏,生于雍正五年(1727)九月初九日,比乾隆帝小十六岁。内管领清泰之女。本为汉军正黄旗包衣管领下人,嘉庆二十三年(1818)正月二十七日,抬入满洲镶黄旗,嘉庆帝令人将玉牒内孝仪纯皇后的母家之姓"魏氏"改写成"魏佳氏"。乾隆十年(1745)入宫,初封为魏贵人,在二十年中,一直升到皇贵妃。她一生为乾隆帝生育了四个皇子和两个皇女,其中第二个儿子——皇十五子,就是后来的嘉庆帝颙琰。这一来说明她生育能力强,二来说明她很受宠。乾隆四十年(1775)正月二十九日卒,享年四十九岁,谥为"令懿皇贵妃"。乾隆四十年（1775）十月二十六日辰时，葬入裕陵地宫。乾隆六十年（1795）九月初三日，乾隆帝于勤政殿宣布，立皇十五子嘉亲王颙琰为皇太子，十月二十七日追谥令懿皇贵妃为"孝仪皇后"。自嘉庆四年（1799）至道光三十年（1850）屡加谥为"孝仪恭顺康裕慈仁端恪敏哲翼天毓圣纯皇后"，简称"孝仪纯皇后"。

孝仪纯皇后像

慧贤皇贵妃，高佳氏，河道总督、大学士高斌之女。初隶包衣，后出包衣入满洲镶黄旗，嘉庆二十三年（1818）正月二十七日，嘉庆帝令人将玉牒内慧贤皇贵妃母家之姓改写成"高佳氏"。初为宝亲王弘历藩邸使女，雍正十二年（1734）三月初一日钦奉雍正帝谕旨，册封为弘历侧福晋。弘历即位后，高佳氏被封为贵妃，因当时没有皇贵妃，所以她在宫中的地位仅次于皇后。高佳氏是名门淑女，通情达理，尽心尽力侍奉皇帝。有时皇帝因水旱灾情而担心农民种不了地，打不了粮食，心情郁郁不乐，高佳氏就陪在皇帝身边，婉言劝慰。她还经常用古代名妃的言行来要求自己，二十年如一日。乾隆十年（1745）元旦，正是佳节喜庆之日，未想到高佳氏竟得了重病，卧床不起，乾隆帝去看望她时，她语重心长地嘱咐乾隆帝要自爱，不要悲伤，当皇帝很不容易，情真意切，使乾隆帝很受感动，虽经全力医治，但病势日渐沉重。为了报答这位侍奉自己二十年之久的爱妃，乾隆帝正月二十三日晋封高氏为皇贵妃，可是刚过两天，就在正月二十五填仓日这天，高佳氏病死了。第二天，乾

慧贤皇贵妃像

隆帝赐谥她为"慧贤皇贵妃"。乾隆十七年（1752）十月二十七日，随孝贤纯皇后葬入裕陵地宫。

哲悯皇贵妃，富察氏，佐领翁果图之女，初入侍乾隆帝藩邸为格格。因年轻漂亮，俏丽多情，善体人意，所以深受乾隆帝的喜欢，成为贴身心腹侍女，有时为乾隆帝陪寝，后来被收为妾。雍正六年（1728）五月二十八日，为乾隆帝生育了皇长子永璜，比孝贤纯皇后生皇长女早五个月，是她使乾隆帝第一次尝到了为人之父的滋味。雍正九年（1731）四月二十七日，生皇二女。无奈这位富察氏福薄命苦，再过五十天，弘历就要位登九五即位当皇帝了，她竟于雍正十三年（1735）七月初三日与世长辞。乾隆

元年（1736）十月，乾隆帝追封她为哲妃。乾隆十年（1745）正月二十四日，又追晋为"哲悯皇贵妃"。乾隆十七年（1752）十月二十七日，随孝贤纯皇后、慧贤皇贵妃葬入裕陵地宫。

淑嘉皇贵妃，金佳氏，满洲正黄旗，生于康熙五十二年（1713）七月二十五日，上驷院卿三保之女，其兄为吏部尚书金简。初隶内务府汉军旗，嘉庆二十三年（1818）正月二十七日，嘉庆帝令人将玉牒内淑嘉皇贵妃的母家之姓改写成"金佳氏"。雍正年间入侍弘历潜邸。乾隆帝即位后，初封为金贵人。乾隆十四年（1749）四月初五日，晋为嘉贵妃。她为皇帝生了四个皇子，其中有三人长大成人，一人封为郡王，二人封为亲王。她生的皇十一子成亲王永瑆是乾隆朝著名的四大书法家之一。她于乾隆二十年（1755）十一月病逝，享年四十三岁。十一月十七日册谥为"淑嘉皇贵妃"。乾隆二十二年（1757）十一月初二日，淑嘉皇贵妃金棺入葬裕陵地宫。

裕陵地宫葬有乾隆帝宠爱的五个女人，无疑她们死后都随葬了大量的珍宝。因此，裕陵地宫的六具棺椁，每具棺椁都无异于一个巨

淑嘉皇贵妃朝服像（美国大都会博物馆）

大的珍宝柜。虽然无法知道到底葬有多少珍宝，但也足以推测，裕陵地宫随葬品之丰富，是军阀孙殿英首选其作为盗陵目标的原因。

第三章
帝国的落日

乾隆时期是大清国的鼎盛时期，也是滑向衰败的开始。大清国对外目空一切、唯我独尊，而国内官场腐败、贪官得宠和乾隆帝好大喜功，都极大地消耗了大清国的国力。大清国走向封建末路是历史的必然，这在一定程度上也是人治造成的结果。大清帝国的灭亡以及后来大清祖坟的被盗，究其根本原因，与乾隆帝有着直接或间接的关系。

乾隆帝与大贪官

　　清王朝的衰败迹象在乾隆朝后期已开始显现出来了。这位号称"十全老人"的乾隆帝在早期的南巡中，每次都动用数十万正帑。中期以后的数次南巡以及随之而来的不断征伐、大量园林宫殿的修建、水利海塘的挖掘，都耗资巨大，靡费惊人。加之乾隆朝后期，无数大大小小的贪官，时时刻刻侵吞着大清朝的国力，残害着黎民百姓。这些无疑都加重了百姓的负担。

　　对于乾隆帝本人的功与过，以历史唯物主义的观点来看，不论是其文治武功，还是对多民族国家的统一和发展，都做出了卓越的贡献。从乾隆十二年（1747）对大、小金川用兵开始，至乾隆五十七年（1792）第二次用兵廓尔喀时为止的四十多年里，大小用兵数十次，每次都取得了辉煌的胜利。当危害七十多年的准噶尔叛乱被平定后，乾隆帝志得意满，认为上两代皇帝都没有平灭的叛乱如今由自己完成了，功高盖世，为此亲书《御制十全记》，大肆吹嘘自己武功盖世，并将刻着"十全记"的石碑立于西藏拉萨的布达拉宫之前，与康熙帝平定西藏的碑并立，以此证明西藏完全处于大清帝国的有效统治之下，表明西藏是中国不可分割的一部分。如果说在对待西藏这一敏感问题上，皇太极功在率先与西藏僧俗取得了联系，顺治帝册封了达赖喇嘛，康熙帝册封了班禅活佛，雍正帝确定和完善了驻藏大臣制度，那么，乾隆帝的功绩则在于首创了金瓶掣签制度，维护了多民族国家的统一和领土完整。

但让后人耿耿于怀和颇有微词的是，在中国历史上尤其是清王朝的诸多皇帝当中还算得上明君的乾隆帝，竟然重用、放纵一个在世界史上都堪称第一大贪官、大蛀虫的和珅，并且使其长久不衰地受宠。和珅不仅贪财、贪权、贪女人，还贪恋男优。由于乾隆帝对和珅的重用与纵容大大超出人们的想象，所以有人又说乾隆帝与和珅之间不仅是普通的君臣、儿女亲家关系，更有一层同性恋的关系。大清国的衰败与和珅有着直接的关系。甚至有传言说和珅受宠是因为乾隆帝认定他是雍正帝一个爱妃马佳氏的转世。又传说和珅为报两次被大清皇帝杀身之仇，后又转为女儿身，重新做了妃子即后来的慈禧，也欺压了两代大清皇帝。当然这些都是无稽之谈。

和珅（1750—1799年），钮祜禄氏，原名善保，字致斋，满洲正红旗二甲喇人，生前一度被抬入上三旗的正黄旗，获罪后其家属又降回正红旗。和珅的五世祖尼牙哈纳巴图鲁，屡立战功，为子孙挣得三等轻车都尉世职。父亲常保袭世职之后，其堂叔阿哈顿色在康熙帝征讨准噶尔时阵亡，追述军功，常保受赠一等云骑尉。到乾隆朝时，兼任福建都统，但常保为官清廉，在乾隆二十五年病死后，没有留下什么家业。乾隆三十四年（1769），和珅承袭三等轻车都尉的世职。据记载，和珅不仅有着英俊的相貌和恰到好处的溜须拍马技巧，而且很有才干。他记忆力惊人，过目成诵，聪明决断，办事干练，就连嘉庆帝也承认他"精明敏捷"，这些都是乾隆帝所需要的。和珅从一个侍卫一跃升为国家最高统治集团中的军机大臣，那年才二十八岁。乾隆五十八年（1793）首次访华的英国特使马戛尔尼，对和珅的印象是：年事在四十至五十岁之间，容貌端重，长于语言，谈吐隽快纯熟。

乾隆五十四年（1789），为了表示对和珅的宠爱和信任，七十九岁的乾隆帝把自己最疼爱的年仅十三岁的十公主——固伦和孝

和珅（李宏杰提供）

公主嫁给了和珅十五岁的儿子丰绅殷德，并陪送了大量的嫁妆。这些足以显示出乾隆帝对和珅的宠信和对十公主的疼爱。

清朝入关以前，努尔哈赤的女儿被称为"格格"①，清崇德元年（1636），太宗皇帝正式改号为"大清"，规定：凡中宫皇后所生之女封为"固伦公主"，妃嫔所生之女封为"和硕公主"。"固伦"即满语"国家"的意思。公主下嫁，其夫婿称为"额驸"，娶固伦公主者称为"固伦额驸"。十公主为惇妃所生，本应封为和硕公主，可是在她十三岁时，破格被封为固伦和孝公主，准备下嫁和珅的儿子。

乾隆五十四（1789）年十一月二十七日，在十公主下嫁的那天，乾隆帝不仅陪送给和孝公主大量的嫁妆，还格外赏赐和珅儿子很多礼物和一些用人。结婚后的十二月初三日，即合卺礼后的第六日，公主偕额驸进宫回门，乾隆帝再一次赏赐十公主和姑爷大量的礼品。这些足以显示出乾隆帝对和珅的宠爱。

和珅在乾隆朝受宠，究其原因是乾隆帝还健在，没有人敢动和珅一根汗毛。乾隆帝死后第二天，对和珅恨入骨髓的嘉庆帝就变相褫夺了和珅的军机大臣和步军统领等职务，命他昼夜守护在

---

① 格格：汉译为"妹妹"，或"小姐"，为满族人早期对国君女、酋长女或一般妇女的称呼。皇太极即位后，于崇德元年（1636）规定，皇后所生之女称"固伦"（或作"固龙""古伦"。满语，汉译为"国家"）公主，妃嫔所生女及中宫抚养者称"和硕公主"。格格遂成为皇家贵族小姐婚前的统称。清制，亲王、郡王、贝勒、贝子、镇国公、辅国公之女，未予封号者均称"格格"，若加封，秩分五等，即亲王女称"和硕格格"，封郡主；郡王女为"多罗格格"，封县主；贝勒女也称"多罗格格"，封郡君；贝子女为"固山格格"，封县君；镇国公、辅国公女为格格，封乡君。以上五等如为侧室所生，均依次降二等。格格于许婚后，报宗人府，查明合例奏请受封，已受封者不随父升降。另外，在清初后妃制度不健全时期，后宫中没有其他的位号，也曾称皇帝、皇子的侍妾为"格格"。

嘉庆帝朝服像

乾隆帝的灵旁，不得擅离。正月初八日，即乾隆帝死后第五天，嘉庆帝公开宣布革去和珅的所有职务，将其逮捕入狱，查抄其全部家产。正月十八日，即乾隆帝死后第十五天，嘉庆帝赐令和珅自尽，并下谕旨要求在北京的官员和各省地方大员揭发其财产的来源和罪证。朝廷大臣纷纷揭发和珅的罪状，一些过去阿谀奉承和珅的人这时候便叛离他，有的甚至落井下石。和珅的罪状逐渐多了起来，由于很多事情的根源都涉及乾隆帝，嘉庆帝为了维护皇父的尊严，并给自己的皇妹十公主留面子，有意开脱乾隆帝的责任，以维护皇权的尊严，所以在处理和珅的问题上，嘉庆帝采取速战速决的办法，只罗列了和珅二十条大罪。

有关和珅的档案，中国第一历史档案馆中所存的大多是有关他被抄家以及被没收财产的记载，至于他的生平和受审的档案则所存无几，究其原因，可能是和珅的许多事情都与乾隆帝有直接关系，或牵扯皇家的隐私机密，因此档案多被销毁或散失，有的则落到私人手中。清末，据说有一个叫李岳瑞（字孟符）的人，因一次偶然的机会，收集到一部分被称为"和珅供词"的内容，并将其写入《春冰室野乘》一书中，原文如下：

> 宣统庚戌（1910）秋，北游京师，从友人某枢密处，获睹嘉庆初故相和珅供词，用奏折楷书，犹是进呈旧物。惜仅存四纸，不过全案中千百之一，其讯与供亦多不相应，盖又非一日事矣。录而存之，以见当时狱事之梗概。
>
> 一纸系奉旨诘问事件，凡两条。
>
> 一问和珅："现在查抄你家产，所盖楠木房屋，僭侈逾制，

并有多宝阁及隔段样式,皆仿照宁寿宫安设,此僭妄不法,是何居心?"

一问和珅:"昨将抄出你所藏珠宝进呈,珍珠手串有二百余串之多,大内所贮珠串,尚只六十余串,你家较多至两三倍,并有大珠一颗,较之御用冠顶苍龙教子大珠更大。又真宝石顶十余个,并非你应戴之物,何以收贮如许之多,而整块大宝石,尤不计其数,且有极大为内务府无者,岂不是你贪黩证据么?"

一纸系和珅供词,凡三条。

奴才城内,原不该有楠木房子,多宝阁及隔段式样,是奴才打发太监胡什图,到宁寿宫看的式样,依照盖造的。至楠木都是奴才自己买的,玻璃柱子内陈设,都是有的。总是奴才糊涂该死。

又,珍珠手串,有福康安、海兰察、李侍尧给的。珠帽顶一个,也是海兰察给的。此外珍珠手串,原有二百余串之多,其馈送之人,一日记不清楚。宝石顶子,奴才将小些的,给了丰绅殷德几个。其大些的,有福康安给的。至大珠顶,是奴才用四千余两银子,给佛宁额尔登布代买的,亦有福康安、海兰察给的。镶珠带头,是穆腾额给的,蓝宝石带头系富纲给的。

又,家中银子,有吏部郎中和精额,于奴才女人死时,送过五百两。此外寅著、伊龄阿都送过,不记数目。其余送银的人甚多。自数百两至千余两不等,实在一时不能记忆。再肃亲王永锡袭爵时,彼时缊住原有承重孙,永锡系缊住之侄,恐不能袭王,曾给过奴才前门外铺面房两所。彼时外间不平之人,纷纷议论,此事奴才也知道。以上俱是有的。

又一纸亦系供词，而问词已失之，凡十七条。

大行太上皇帝龙驭宾天，安置寿皇殿，是奴才年轻不懂事，未能想到从前圣祖升遐时，寿皇殿未曾供奉御容，现在殿内已供御容，自然不应在此安置，这是奴才糊涂该死。

又，六十年九月初二日，太上皇帝册封皇太子的时节，奴才先递如意，泄漏旨意，亦是有的。

又，太上皇帝病重时，奴才将宫中秘事，向外廷人员叙说，谈笑自若也是有的。

又，太上皇帝所批谕旨，奴才因字迹不甚认识，将折尾裁下，另拟进呈，也是有的。

又，因出宫女子爱喜貌美，纳取作妾，也是有的。

又，去年正月十四日，太上皇召见时，奴才因一时急迫，骑马进左门，至寿山口，诚如圣谕：无父无君，莫此为甚。奴才罪该万死。

又，奴才家资金银房产，现奉查抄，可以查得来的，至银子约有数十万，一时记不清数目，实无千两一锭的元宝，亦无笔一支、墨一匣的暗号。

又，蒙古王公原奉谕旨，是未出痘的，不叫来京。奴才（决定）无论已未出痘，都不叫来，未能仰体皇上圣意。太上皇六十年来，抚绥外藩，深仁厚泽，外藩蒙古原该来的，总是奴才糊涂该死。

又，因腿痛，有时坐了椅轿，抬入大内，也是有的。又坐了大轿，抬入神武门，也是有的。

又，军报到时，迟延不即呈递，也是有的。

又，苏凌阿年逾八旬，两耳重听，数年之间由仓场侍郎，用至大学士，兼理刑部尚书，伊系和琳儿女姻亲，这是奴才糊涂。

又，铁宝是阿桂保的，不与奴才相干。至伊犁将军保宁升授协办大学士时，奴才因系边疆重地，是以奏明不叫来京。朱珪前在两广总督任内，因魁伦参奏洋盗案内奉旨降调，奴才实不敢阻抑。

又，前年管理刑部时，奉敕旨仍管户部，原叫管理户部紧要大事，后来奴才一人把持，实在糊涂该死。至福长安求补山东司书吏，奴才实不记得。

又，胡季堂放外任，实系出自太上皇帝的旨意，至奴才管理刑部，于秋审情实缓决，每案都有批语，至九卿上班时，奴才在闹上并未上班。

又，吴省兰、李潢、李光云都系奴才家的师傅，奴才还有何辩呢？至吴省兰声名狼藉，奴才实不知道，只求问他就是。

又，天津运司武鸿，原系卓异交军机处记名，奴才因伊系捐纳出身，不行开列也是有的。

又，清单一纸，开列正珠小朝珠三十二盘，正珠念珠十七盘，正珠手串七串，红宝石四百五十六块，共重二百二十七两七分七厘，蓝宝石一百十三块，共重九十六两四钱六分八厘。金锭金叶二两平，共重二万六千八百八十二两，金银库所贮六千余两。

总之，出于种种复杂的考虑，嘉庆帝给和珅定的二十条罪行如下：

朕于乾隆六十年九月初三日，蒙皇考册封皇太子，尚未宣布谕旨，而和珅于初二日即在朕前先递如意，漏泄机密，居然以拥戴为功，其大罪一。

上年正月皇考在圆明园召见和珅，伊竟骑马直进左门，过正大光明殿，至寿山口，无父无君，莫此为甚，其大罪二。

又因腿疾，乘坐椅轿抬入大内，肩舆出入神武门，众目共睹，毫无忌惮，其大罪三。

并将出宫女子娶为次妻，罔顾廉耻，其大罪四。

自剿办教匪以来，皇考盼望军书，刻萦宵旰，乃和珅于各路军营递到奏报，任意延搁，有心欺蔽，以致军务日久未竣，其大罪五。

皇考圣躬不豫时，和珅毫无忧戚，每进见后，出向外廷人员叙说，谈笑如常，丧心病狂，其大罪六。

昨冬皇考力疾批章，批谕字画，间有未真之处，和珅胆敢口称不如撕去，竟另行拟旨，其大罪七。

前奉皇考谕旨，令伊管理吏部刑部事务，嗣因军需销算，伊系熟手，是以又谕令管理户部题奏报销事件，伊竟将户部事务一人把持，变更成例，不许部臣参议一字，其大罪八。

上年十二月内，奎舒奏报循化、贵德二厅贼番聚众千余，抢夺达赖喇嘛商人、牛只，杀伤二命，在青海肆劫一案，和珅竟将原奏驳回，隐匿不办，全不以边务为事，其大罪九。

皇考升遐后，朕谕令蒙古王公未出痘者，不必来京。和珅不遵谕旨，令已、未出痘者，俱不必来京，全不顾国家抚绥外藩之意，其居心实不可问，其大罪十。

大学士苏凌阿，两耳重听，衰迈难堪，因系伊弟和琳姻亲，竟隐匿不奏。侍郎吴省兰、李潢、太仆寺卿李光云皆曾在伊家教读，并保列卿阶，兼任学政，其大罪十一。

军机处记名人员，和珅任意撤去，种种专擅，不可枚举，其大罪十二。

昨将和珅家产查抄，所盖楠木房屋，僭侈逾制，其多宝阁及隔段式样皆仿照宁寿宫制度，其园寓点缀，竟与圆明园蓬岛、瑶台无异，不知是何肺肠，其大罪十三。

蓟州坟茔，居然设立享殿，开置隧道，附近居民有"和陵"之称，其大罪十四。

家内所藏珍宝，内珍珠手串竟有二百余串，较之大内多至数倍，并有大珠，较御用冠顶尤大，其大罪十五。

又宝石顶并非伊应戴之物，所藏真宝石顶有数十余个，而整块大宝石不计其数，且有内府所无者，其大罪十六。

家内银两及衣服等件，数逾千万，其大罪十七。

且有夹墙藏金二万六千余两，私库藏金六千余两，地窖内并有埋藏银两百余万，其大罪十八。

附近通州、蓟州地方，均有当铺、钱店，查计资本，又不下十余万，以首辅大臣，与小民争利。其大罪十九。

伊家人刘全，不过下贱家奴，而查抄赀产，竟至二十余万，并有大珠及珍珠手串，若非纵令需索，何得如此丰饶，其大罪二十。

向天下公布的和珅所犯的二十条罪状，比起年羹尧和隆科多来，可算是小巫见大巫了。其根本原因还是其中的大部分事件牵扯到了乾隆帝,和珅所犯的大多数罪行,不是乾隆帝认可的就是默认的,有些事情甚至是乾隆帝指使或有意无意地放任自流,加之当时社会制度的一些弊端,也就有了和珅这种人的发展空间。"和珅"现象的产生,乾隆帝有着不可推卸的责任,甚至可以说这一切都是乾隆帝一手造成的。这样说丝毫没有减轻和珅罪行的意思。在当时来说,和珅是乾隆帝的精神支柱,是乾隆帝的代言人,和珅更像是乾隆帝的影子。由此可见,乾隆帝具有两面人性,其中恶的一面,通过和珅体现了出来。

和珅所犯罪状公布的同时,为了维护皇权的尊严,开脱乾隆帝的责任,嘉庆帝专门下谕特别强调说,和珅的问题如能及早参劾,皇考一定会把和珅处以重典,把他绳之以法。可是许多年来,竟没有一个人弹劾和珅,竟没有一个人正面奏及和珅的事情,这样做表面上是不烦劳圣心,实际上是畏惧和珅,忌惮和珅,而钳口结舌。嘉庆帝把乾隆帝的责任开脱出来,却把责任推到众多朝臣身上。

嘉庆帝在乾隆帝的大丧之日即迅速铲除了大清国的头号大蛀虫和珅,没收了和珅的家产,在大快人心的同时,也背上了一个"贪财"皇帝的称号。民间有一句顺口溜:"和珅跌倒,嘉庆吃饱。"

乾隆帝死后,和珅很快被杀掉了,他的巨额家产却成为人们所关注的焦点。嘉庆帝向世人表示他惩办和珅、查抄和珅的家,完全不是因为和珅是大清国的首富,嫉妒他的"钱",而是因为他"不法已极","朋比为奸,获罪甚重,不得不治","蠹国殃民,专擅狂悖。和珅一日不除,则纲纪一日不肃"。并因此向人解释说:"向来臣工有以贪墨获罪者,例将家产籍没入官,总视其获罪之轻重，而不计其赀产之丰啬，即如赃私狼藉，家产优厚，从未有如和珅者。然春间查抄之后，除违制之物，如正珠、朝珠、圭式案之原不可以颁赐臣工，其余章服什物，俱各视王公文武大臣以及御乾清门侍卫等品级、职分应用者，悉行分赐，下至宫中内监，亦无不遍邀赏赉。而留赐和孝公主者，更不可胜计，惟零星破旧物件，始交崇文门变价，所值无几，此人所共知也。"

嘉庆帝为了表明自己不是好财贪货之主，再次强调："朕在藩邸时，则一切财用犹有人己之别，今已天下为家，岂仅以藏诸府库者视为己有。此项查抄赀物，纵有隐寄，自朕观之亦不过在天之下，地之上耳，何必辗转根求。"

嘉庆帝的这些说法表明，在当时的社会上确有说他因贪图和珅的财产才除掉和珅的言论，否则嘉庆帝不会这样反复表白。

史料记载，和珅的全部家产大多数收归国有了。其中，金银和制钱等绝大部分被送到户部大库或内务府广储司银库；珠宝玉器、金银器皿、首饰、古玩、铜器、锡器、皮张、绸缎、布匹、家具、衣物和鞋帽等，除一小部分赏给了王公大臣、公主、御前侍卫和太监等外，另一少部分（主要是一些破旧物件、戏装等）在崇文门和热河变卖成现钱，交到内务府广储司银库，其中绝大部分都被内务府接收，成为嘉庆帝的财富了。和珅在北京的住宅、花园除一部分赏给和孝公主居住外，大部分赏给了几个亲王，和珅的老宅子仍赏给和珅之弟和琳的儿子丰绅宜绵居住。和珅的当铺，除把永庆当赏给了永璇、庆余当赏给了永璘、恒庆当赏给了永琅外，其余的都交给内务府管理，收入供皇帝挥霍。和珅在北京的铺面房除赏给王公大臣一部分外，其余的也都归内务府管理。

和珅的土地大部分入官，一小部分赏给了太监。和珅在热河的房产，也都赏了人。和珅的衣物、书籍，除一部分赏人外，大部分交到内务府了。和珅在蓟州的坟茔被拆除，连附近看坟人的房子也一起被变卖。和珅的家奴、仆人及其家属一起被变卖。这些收入都交到了内务府。

嘉庆四年（1799）五月十八日，嘉庆帝法外开恩，赐和珅上吊自尽。这个大清国有史以来最大的贪官蛀虫和珅，终于结束了自己罪恶的一生。他的生命虽已结束，但他留给后世和大清国的是社会的腐败、黑暗，以及最终的灭亡。

据说，和珅临死时写下了一首绝命诗，这首二百余年来令人不解的诗为：

　　五十年来梦幻真，今朝撒手谢红尘。
　　他时水泛含龙日，认取香烟是后身。

和珅是一个很有才华的人，在他大起大落之后，或许会留有总结自己一生的绝命诗，但是否就是上面的那一首，人们说法不一。单就上面的那首诗来说，至今也没有人能给予合理的解释。

和珅与乾隆帝的关系不但密切得出乎寻常，而且可以说暧昧得异常，这使得两人之间的关系成谜，并且和珅死后的托生也成为有争议的说法了。但不管怎么说，乾隆帝对于和珅的宠爱确实超出君臣、亲家的关系，和珅大贪特贪的直接后果，是官场与军队的贪污腐败，成为当时的社会风气之一。大清亡国，大清祖坟被盗，这其中也有和珅的一份"功劳"。

实际上，和珅的倒台，并未像嘉庆帝想象的那样，使得大清王朝的吏治出现新的转机；相反，由于嘉庆帝在铲除和珅时所暴露的不彻底的性格，使大清帝国的航船在历史进程的污流浊水中，悄然告别嘉庆帝一厢情愿的"康乾盛世"局面，向着暗流、险滩密布的河道无可奈何地滑行下去。对于这种结局，笑到最后的，竟是后来的外国列强以及民国时期的孙殿英和那些通过孙殿英得到好处的各路军阀头子。

天上只有一个太阳

如果说大清帝国灭亡的内在原因是统治的腐化堕落，那么外因则是帝国主义的入侵。如果说中英两国发生的鸦片战争是为利益而战，那么产生经济利益的载体则是通商贸易。商业贸易是获得经济利益最直接、最便利的方法和途径之一。英国人虽素以绅士自居，但其骨子里透出的更多的是商人的精明与狡诈、利益与自私。对经济利益的渴望和需求，成了英国人的天性。现在常说"枪杆子里出政权"，意思就是当两人或两个集团或两个国家的利益发生冲突，而外交斡旋等方式又宣告失败，"经济制裁"又无法生效时，"武力"就是其最终的解决方法。鸦片战争的爆发，虽说原因很多，但主要还是东西方文化发生了碰撞，经济利益发生了冲突所致。清王朝的长期闭关自守政策，使得外国商人在华受到种种歧视和限制，尤其是那时已强大无比、号称"海上霸主"的英国人。

18世纪的欧洲发生了人类历史上划时代的巨大变革，英国

乾隆帝骑马像

首先爆发了工业革命,以纺织机的发明为起点,以蒸汽机的出现而宣告"蒸汽时代"的到来。工业革命极大地增强了英国的综合国力,使其工业生产和对外贸易居于世界领先地位,率先进入了现代化工业社会。社会的快速发展使得资本主义的英国急于向外扩张,寻求新的原料和市场。中国具有巨大的市场和繁荣的社会环境,这自然成了英国的首选目标。在这种背景下,一个号称"日不落帝国"的资本主义英国和素以"天空只有一个太阳"自居的泱泱中国清王朝之间有了历史上第一次正式外交接触。

中英两国最初的贸易交往主要集中在瓷器、丝绸、茶叶等物品上,这些代表中国悠久文明的丰富物产,一直强烈地吸引着英国贵族和商人。乾隆朝时期,又逐渐扩大为包括白糖、纸张、棉布在内的更多物品。但清政府所采取的闭关锁国政策,使得英国人在中国的商业贸易受到了许多的限制。

乾隆二十二年(1757),乾隆帝下令禁海闭关,同时规定:禁止华人出洋和侨居国外,广州为唯一通商口岸,朝廷官员"不准与外吏接触,不准与外吏私通信函"等。

在西方国家的对华贸易中，英国居于首位。乾隆五十四年（1789），在广州黄埔停泊的八十六艘外船中，英船占了六十一艘。茶叶是英国主要进口物品，英国人需要大量的中国茶叶，而中国政府的闭关锁国政策，使得以东印度公司为主体的英国商人蒙受了巨大的损失。正因如此，英国

英使"贡船"

急于打开中国的大门。于是，英国政府在其他资本主义国家的支持下，于乾隆五十七年（1792），正式任命马戛尔尼勋爵为特使出访中国。

东方的神秘古国，是马戛尔尼早就熟悉的。能与神秘大国沟通交往，则是一项富有挑战性和刺激性的工作，马戛尔尼欣然接受了这一极具吸引力的职务，并开始精心挑选使团成员，随员八十余人和九十五名卫兵，其中包括外交官、英国青年贵族、学者、医师、画家、乐师、技师、士兵和仆役，加上水手共计八百余人。他们又准备了足以表现英国人才华、能证明英国是地球上最强大的国家的礼品。

英国使团的航船共有三艘，特使乘坐的舰船名为"狮子号"，是由英国海军部提供的第一流舰船，此舰有六十四门火炮。礼品

船名为"印度斯坦号",由东印度公司提供,是使团队中排水量最大的船。另一只供应船名为"豺狼号",是东印度公司花了一千四百五十英镑买来专为使团使用的船。

马戛尔尼使团所需经费虽然是由政府支出,但实际是由东印度公司资助的。正如东印度公司的负责人所说,因为使团此行与东印度公司的利益关系甚大,所以使团的费用亦由公司负担。这是东印度公司为了达到其垄断对华贸易的目的而进行的投资。因此,英国特使的这次访华,肩负着刺探中国政治、经济和要求领土等任务。乾隆五十七年八月十一日(1792年9月26日),肩负着英国政府及东印度公司赋予的双重使命的马戛尔尼,率领满载礼品和成员的"印度斯坦号"船,在战舰"狮子号"和"豺狼号"的护卫下,离开了朴次茅斯港,开始了中国之行。

几乎就在同时,英国政府指示东印度公司董事长弗兰西斯·培林给中国方面的两广总督广东巡抚郭世勋写了一份照会。这本是一封客气的公文式的函件,但转译后竟改变了原意。"特使"变"贡使","礼物"变"贡品"。

乾隆帝看后特别高兴,明年八月十三日,正是自己八十三岁的生日,这两个八十三的重合是多么难得,若在庆典的宴会上出现慕顺的远夷,和其他的藩属使臣一样匍匐在自己的脚下,尽显天朝大皇帝威风,载入史册后,"十全老人"岂不更加完美!于是他命令将英国贡使带往热河。

此时,英国特使马戛尔尼向清政府提交了一份被译成中文的禀文及所进献礼品的清单。

英使在禀文中,极力夸耀英王对乾隆帝的诚心尊敬和所献礼

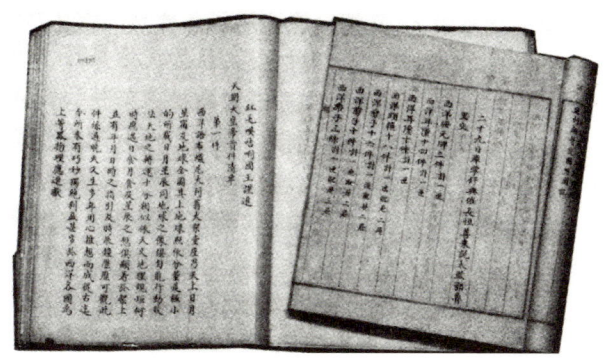

英国国王送给乾隆帝的礼品清单

品的奇巧,并写了一份清单,这份清单记载的礼品共有十九宗,总计五百九十余件,并且做了简要的介绍:

第一件,西洋语布蜡尼大利翁大架一座。乃天上日月星宿及地球全图,其上地球照依分量所载,日月星辰同地球之像,俱自能行动,效法天地之转运,十分相似。依天文地理规矩,何时应遇日食、月食及星辰之愆,俱显著于架上,并有年、月、日、时之指引及时辰钟,历历可观。此件系通晓天文生,多年用心推想而成。从古至今,迄未所有,巧妙独绝,利益甚多于西洋各国,为上等器物,理应进献大皇帝用。又,缘此天地图架座高大,洋船不能整件装载,因此拆散分开,装成十五箱。又令原造工匠跟随贡差进京,以便起载安排安放妥当,并属付(嘱咐)伊等慢慢小心修饰,勿稍勿遽手错损坏。仰求大皇帝容工匠等多费时候,俾安放妥当,自然无错。同此单相连别的一样稀见架子,名曰来复来柯督尔,能观天上至小及至远的星辰,转运极为显明。又能做所记的架子,名曰布蜡尼大利翁。此镜规不是正看是偏看，是新法。名赫汁尔天文生所造的。将此人名姓一并禀知。

第二件，座钟一架，亦是天文器具。以此架容易显明解说清白，及指引如何，地球与天上日月星宿一起运动，与学习天文地理者有益，拆散分作三盒，便于携带。其原匠亦跟随贡差进京，以便安装。

第三件，天球全图。仿作空中蓝色，有金银做成的星辰，大小颜色俱各不同。犹如仰视天象一般，更有银丝分别填上各处度数。

第四件，地球全图。天下万国四州（洲）、山河海岛，都画在球内，亦有海洋道路，及画出红毛船只。

第五件，十一盒杂样器具。为测定时候及指引月色之变，可先知将来天气何如。系精通匠人用心做成。

第六件，试探气候架一座。测看气候最为灵验。

第七件，巧益架子一个。能增助人之力量。

第八件，奇巧椅子一对。使人坐在上面，自能随意转动。

第九件，家用器具一架。内有新旧杂样瓶罐等项，又有火具能烧玻璃、磁器，猛烈无比，是一块大玻璃用大工打造成的。火镜紧对日光，不但能烧草木，并能焚金银铜铁。及一样白金，名曰"跛剌的纳"。世上无火，可能烧炼，惟此大能显功效。

第十件，杂样印画图像。内有红毛英吉利国王全家人像，并有城池、炮台、长桥、堂室、花园及乡村之图，异样洋船图。

第十一件，玻璃镶金彩灯一对。此灯挂在殿上，光明照耀。

第十二件，金线毯数匹。为精致房间用。

第十三件，大毡数匹。为殿上铺用。

第十四件，齐全马鞍一对。头等匠人用心做成，特进大皇帝乘用，颜色是黄色的，十分精致。

第十五件，车二辆。敬献大皇帝万岁御坐。一辆为热天使用，一辆为冷天使用。

第十六件，军器数件。献大皇帝御用，是长短自来火枪、刀、剑等项，其刀、剑能斩断铜铁。

第十七件，铜炮西瓜炮数个。操兵可用，并有一小分红毛国兵跟随贡差进京，若是大皇帝喜欢看西洋炮法，能在御前试演。

第十八件，大小金银船，乃红毛大战船之式样。虽大小不对，十分相似。大战船上有一百大铜炮。今于小金银船内，可以窥见一斑。红毛国在西洋中为最大，有大船甚多，欲选极大之船，送贡差至天朝，但内洋水浅，大船难以进口。故发中等船及小船，以便进口赴京。又欲表其诚心爱戴至意，即将大船式样，进于大皇帝前，表其真心。

第十九件，包裹一切杂货。红毛本国物产及各样手工，如多罗呢羽纱及别样毡货，各项细洋布、钢铁器具，共献于大皇帝赏收。

然而他们想不到的是，他们日后的行动将完全失去自由。他们先是被安排到北京，后来又在乾隆帝的命令下把高大笨重的礼品安放在圆明园，仅带着少量精致小巧的礼品赶往热河的避暑山庄参加乾隆帝八十三岁的生日庆典。

英国使团到达中国后遇到的第一个冲突——名分与礼仪之争，不可避免地发生了。原来，英国使团上岸后，中国方面的官员便在马戛尔尼赶往北京和热河的途中多加了一面写有"英吉利贡使"的旗帜，而对此，马戛尔尼则采取了睁一只眼闭一只眼的态度，以使使团的使命不致半途而废。既称"贡使"，贡物就是必不可少的了。然而马戛尔尼在所带礼品的清单序言中却将自己封为"特使"，并把此次觐见称为"两个国家皇帝之间的交往"，将英王升格为与中国皇帝平起平坐的皇帝。显然这是名分之争，当然也是令乾隆帝无法接受和容忍的：一个远夷的蕞尔红毛也配称为"皇帝"！乾隆帝下旨对相应称呼予以纠正：在今后一切译本中，一律改称为"贡使"或"藩使"。

同样的争执也发生在觐见礼仪问题上。原来，钦差大臣徵瑞在接见英国使团之前，就已接到理藩院尚书和珅草拟的密旨：徵瑞应当于无意闲谈时，婉辞告知各藩国属国到了天朝觐见进贡的事，不仅陪臣俱行三跪九叩大礼，即使国王亲来朝贡者也是如此。如今尔国王遣尔前来祝寿，自然应遵守天朝法度。

接到此意后，徵瑞在与马戛尔尼和斯当东闲谈时曾以个人的名义说道："听说你们国家的人都有用布扎腿的风俗，不能跪拜，但是你们叩见大皇帝时可以把扎腿布暂时放下来，等到行礼后再把它扎上，这也是非常方便的。如果你们拘泥于你们国家的风俗，不行此礼，殊失你们国王派你们来祝寿进贡的诚意，也使其他人笑话你们，讥笑你们不会跪拜。而且在朝廷中若不行礼，那些行礼大臣也不会答应的。你们现在就要练习练习，不然到时候跪拜就不习惯，让人笑话。"

虽然中国官员进行了善意的劝告和强力的压迫，英国使节马戛尔尼却丝毫不让步："敝国一向没有什么裹腿的风俗，这个问题不是简单跪拜的问题，而是代表国家地位尊严的一种行为，这个行为不是代表我个人的，我是代表我们国家的。""我对英王陛下是无限忠诚和无限服从的，我谒见英王陛下时，只行单腿下跪的礼节，这是对英王忠诚所表示的最高规格的礼节。我们大英帝国是一个独立的国家，而绝非大清王朝的属国。独立国家的使节与属国代表在觐见礼仪上有着本质的区别，后者代表屈服和顺从，前者代表尊敬和友谊。如果一国使节向他国皇帝行礼的规格高于对本国国王行礼的规格，那将是对一个主权国家的极不尊重。""为了大英帝国的尊严，我们坚决拒绝三跪九叩首大礼。"

钦差大臣徵瑞见英国使节傲慢无礼，态度也就强硬了起来："我们的大皇帝统御万方，四海朝揖，拥有亿万民众和无数的属国，天空只有一个太阳，这一光辉灿烂的太阳就是我们的皇帝，外夷红毛狂犬吠日，不自量力，可笑至极！我们中国有句古话，叫作无知者无畏，蕞尔红毛居然暴食虎胆，撼天震日，不自量至极！没有谁能改变我们千古不易的定制，要想一睹天颜，必须老老实实跪在大皇帝脚下！"

徵瑞所说的这番话绝非危言耸听，因为在大清王朝有史以来的字典里，外国使节来华历来都只能"三跪九拜""言语恭顺"。例如，顺治十一年（1654）至雍正六年（1728），俄国沙皇为了商贸和边界问题，先后派遣过多个外交使团来中国，因礼仪问题处理得当与否，而有过不同的结果。首次来华的巴伊科夫使团因拒绝将沙皇国书交给理藩院官员，不行跪拜大礼，被顺治帝驱逐出境。康熙十五年（1676），斯帕法里使团因行了跪拜大礼，得到康熙帝的召见，但终因举止傲慢、言语粗鲁而被赶出国门，无果而终。康熙二十五年（1686），维纽科夫使团抵京，由于言语恭顺并行三跪九叩大礼而顺利完成了沙皇的使命。康熙三十一年（1692），伊兹勃兰特使团来华，大清的礼仪官发现俄国国书中竟把康熙帝的称号列在沙皇之后，立即退还了国书与礼品。事后，康熙帝虽然决定召见使团，但依然要求使团必须向皇帝行三跪九叩礼。以后的伊兹马伊洛夫被允许直接把国书交给康熙帝，但也必须行三跪九叩礼。雍正六年（1728），萨瓦·费拉季斯维奇使团来华，三跪九叩礼后，雍正帝与其进行了热情友好的交谈，而且不久也向俄国派出了第一个外交使团。英国使团的到来，也同样应遵循大清王朝的旧例，理所当然向中国皇帝行三跪九叩礼才对。然而受过高等教育、有着高贵血统的马戛尔尼，大有"士大夫可杀不可辱"的劲头：待附庸国之礼，与待独立国之礼不同。贵国必欲以中国礼节相强，敝使死也不奉敕。

在当时中国人的眼里，外国使团的目的大多只是在皇帝寿辰或其他重大节日时，向皇帝致敬获取赏封或者有求于中国的大皇帝。清王朝历来以其"天朝大国"的优越心理自居，甚至将整个世界按等级、名分构成纳入一个朝贡体系之中。在乾隆帝漫长而又辉煌的统治下，中国大皇帝的恩泽已扩展到安南、交趾、暹罗、缅甸、尼泊尔、朝鲜、蒙古，中亚直至咸海、里海。据清朝文献记载："中土居大地之中，瀛海四环。其缘边滨海而居者，是谓之裔，海外诸国亦谓之裔。裔之为言边也。"中国既然是全世界的中央帝国，那它同外夷的关系也就只能是宗主与藩属的关系了。以致凡外国使节来中国，均被视为仰慕天朝大国的表现，那外夷使节也就只能必须向中国皇帝俯首称臣，行三跪九叩大礼了。号称"日不落帝国"的英国也不可避免地遭到了这种傲慢的眼光。而受过良好教育，有着硕士学位，通晓法语、拉丁语和意大利语的英国特使马戛尔尼，却显然没闹明白"皇帝"一词在中国几千年封建体制下的内涵。在中国话里，皇帝的意思就是世界的主人、人间的上帝、所有生物生灵的主宰者。

马戛尔尼这位在欧洲令人尊敬的英国特使眼见与那些接待他的官员无法说清，便自作聪明地向中国政府递交了一封亲笔信，在信中向中国皇帝提出了礼仪要求。

英国人想象中的马戛尔尼觐见乾隆时的情景

西方人想象中马戛尔尼觐见乾隆时的情景

乾隆帝对于英使的"无知"和"无礼"非常恼火，立即取消了原定八月初六日的觐见活动，乾隆帝特别恼怒地说："令英国人学习礼仪，却装病，只派副使前来。"也因此，乾隆帝批评各地大臣给予了英国人太高的生活待遇。

乾隆帝为了给这些不知礼义的蕞尔红毛一点颜色，使出了减少赏赐和供给的招数。副使斯当东在事后回忆道："从来供应丰富的桌面，现在却不够供给一半人所需饮食的数量。"

乾隆帝的强硬态度，大大出乎英国使团的意料，他们怎么也不明白，作为地球上最为强大的国家的特使，为什么必须跪趴在中国皇帝的脚下？然而中国人也同样不明白，这些蕞尔红毛的老外在中国军队的严密监视下，在中国大皇帝已龙颜大怒

马戛尔尼像（左）和斯当东像（右）

的非常时刻，居然还有胆量提出自己的要求和主张，真是太不可思议了。

面对对华贸易和开拓中国市场的巨大利益，素有"商人"之称、流有商人血液的硕士学者马戛尔尼特使，经过冷静的思考，反复权衡利弊，不得不暂时放下所谓的大英帝国的尊严，亲自拜请当时乾隆朝大红人、乾隆帝的宠臣和珅出面，从中斡旋调解与乾隆帝的紧张关系。而接受了英国使团大量贿赂的和珅，向乾隆帝说了英国使团的大量好话。最终，乾隆帝以天下唯一大皇帝宽厚仁慈的教养和胸怀，考虑到使团万里而来，又携带贵重礼品，相应礼仪可略为灵活，即清廷于"万寿节"前的八月初十日，在万树园举行一次礼节性招待宴会，由乾隆帝非正式地召见英国正、副使臣等人，并允许其行英国单腿下跪礼节；八月十三日在澹泊敬诚殿举行乾隆帝"万寿盛典"之时，英使向乾隆帝跪递英王国书并行中国三跪九叩首大礼。既然英国人肯下跪，虽然是单腿跪地，但也完全可以表明臣服之意，对于一个粗俗的蛮夷，没有必要当然也不可能指望他完全做到文明人应该做到的事。于是，乾隆帝决定接见英国使臣，当然是"该贡使等与蒙古王公及缅甸贡使等一体宴赏观剧"，英使并不是这次接见中的主角，但就这一点来说，乾隆帝也已表现出了一定的气度。

中、英双方各自让步，使双方最终在礼仪问题上达成了共识，接见英使的活动得以进行。于是，军机大臣和珅拟定了一份详细礼仪清单：

> 臣和珅谨奏：窃照英吉利国贡使到时，是日寅刻，丽正门内陈设卤簿等大驾。王公、大臣、九卿等俱穿蟒袍补褂齐集。其应行入座之王公大臣等，各带本人座褥至澹泊敬诚殿铺设毕，仍退出。卯初（5时），请皇上御龙袍褂升宝座。御前大臣、蒙古额驸、侍卫仍照例在殿内内翼侍立。乾清门行走、蒙古王公、侍卫亦照例在殿外分两翼。侍卫内大臣带领豹尾枪长靶刀，侍卫亦分两班站立。其随从之王大臣、九卿、讲官照例于院内站班。臣和珅同礼部堂官率钦天监监副索德超（葡萄牙耶稣会士），带领英吉利国正、副使臣等恭送表文，由避暑山庄宫门右边门进呈殿前阶下，向上跪捧恭递。御前大臣福长安恭接，转呈御览。臣等即令该贡使等向上行三跪九叩头礼，毕。其应入座之王公大臣以次入座，带领该贡使于西边二排之末，令其随同叩

头入座。俟皇帝进茶时,均于座次行一叩礼,随令侍卫照例赐茶,毕。各于本座站立,恭候皇上出殿,升舆。臣等将该贡使领出,于清音阁外边伺候。所有初次应行例赏该国王及贡使各物,预先设立于清音阁前院内。候皇上升座,臣等带领贡使,再行瞻觐。颁赏后,令其向上行谢恩礼,毕,再令随班入座。谨奏。奉旨:知道了。钦此。①

乾隆五十八年(1793)的《起居注》中详细记载了乾隆帝在万树园接见英使、蒙古王公及属国使臣的情形。作为蒙古王公和外国使臣觐见皇帝的重要场所,中国的大清帝国在万树园中永久设置了象征皇朝尊严的大幄。

乾隆帝在热河接见英使

---

① 清宫档案《乾隆五十八年英吉利入贡始末》。

八月十三日（1793年9月17日）即乾隆帝的"万寿"之日，英国使团终于盼来了乾隆帝的出现。早上四点钟，英国使团便在举行庆典的万树园等待以天朝皇帝自居的乾隆帝。经过长达三个小时的焦急等待，七点多钟，乾隆帝终于出现了。英国使团副使斯当东以极其抒情的笔法写下了他对中国皇帝的第一印象："皇帝从身后一座树林茂密的高山中出现，好似从一个神圣森严的丛林中走来。御驾之前有侍卫多人，一路高声宣扬皇帝的圣德和功业，皇帝坐在一个无盖的肩舆中，由十六个人抬着走，舆后有警卫执事多人手执旗伞和乐器。皇帝衣服系暗色不绣花的丝绸长褂，头戴天鹅绒帽，帽前缀一巨珠，这是他衣饰上所带的唯一珠宝。"①

其他英国使团成员看到的乾隆帝则是动作敏捷，风度翩翩，脸上没有一点老年的痕迹，总是笑眯眯的，看上去不超过六十岁。

这一天，马戛尔尼特使身穿绣花天鹅绒官服，缀以巴茨骑士钻石宝星及徽章，上面罩着一件掩盖四肢的巴茨骑士外衣。由于马戛尔尼又是牛津大学名誉法学博士，所以特意在官服之上加罩一袭深红色的博士绸袍。他与副使在礼部官员的带领下，向乾隆帝行了三跪九叩首礼。同时将英国国王乔治三世给乾隆帝的信及精美的礼品，当面贡献给了乾隆帝。马戛尔尼在日记中对乾隆帝这样描写："乾隆皇帝年已八十有三，而精神矍铄，貌似六十许人，其心思亦颇灵活，富于决断及自信……皇帝身材约高五英尺十英寸，虽背已微偻，而精神甚好，目作黑色，鼻尖钩曲，略如鹰喙。举动神情，颇具英明之气，所衣为黄色大袍，冠则是天鹅绒制，

---

① 斯当东《英使谒见乾隆纪实》。

上有红顶子及孔雀毛以为饰，靴亦绸制，以金线绣花于其上，腰间束一蓝色之带，亦丝织物。"①

见到乾隆帝后，马戛尔尼总想把乾隆帝拉到外交事务上来，为此婉转地提起此次使团的目的，但都被乾隆帝岔开。直到八月十四日，乾隆帝才请马戛尔尼转交英王一个盒子，盒子内装有他的诗、绘画和几颗珠宝。

八月十七日，马戛尔尼等全体使团成员奉乾隆帝谕旨返回北京。与此同时，乾隆帝发布上谕，表明自己对于英使团来华目的的态度：不允许英国人留住在北京。

原来，乾隆帝接到了由钦天监监副索德超翻译的英国国王表文，御览后才恍然大悟：英国贡使来华的真正目的并不是仅仅祝寿，而是心怀叵测，另有动机的。

从热河回北京的路上，马戛尔尼已经隐隐感觉到一种不祥的气氛："我们忙于准备把剩下的礼品送往圆明园。陪同我们的中国官员好像在催促我们加快行动。这种态度以及我们自己的观察和获悉的情报，使我认为我们不会在这里过冬。"马戛尔尼的感觉没有错，此时，乾隆帝已发出一道结束他们使命的上谕，规定他们回国日期为九月初五日以前。

既然乾隆帝已经确定好英国使团离开的日期，为避免英使借口拖延，乾隆帝命令钦差徵瑞监督所有贡品都要在同一天送到圆明园。

马戛尔尼深深感到一种迫使他们离开的压力了："中国官员已显得迫不及待，反复说明他们可以叫上百名甚至二百名劳

---

① 马戛尔尼《乾隆英使觐见记》。

力,要多少可以来多少。"马戛尔尼也从在北京的传教士那里听到清政府希望他们尽快整装回国的消息,并从中国官员那里了解到清政府规定外国使团在中国的期限为四十天。他的一位私人朋友曾对他说过:"中国人对外国使节仅视为在国家重大节日送礼而来,节日过后即刻归国。两个世纪以来许多到过中国的外国使节,是没有超过这个勾留期限的。葡萄牙是中国最友好的国家,在当今皇帝统治下,葡萄牙曾派特使前来,最多只住了三十九天就走了。"

八月二十六日,乾隆帝从避暑山庄回到北京后,直接来到圆明园的正大光明殿参观英国使团的礼品陈列。马戛尔尼当时没有在场,使团的机械师向乾隆帝演示各种仪器的性能:他们使用望远镜望远,用派克氏透光镜熔化金属片。乾隆帝立即指出这些东西不过是玻璃做的。乾隆帝对于一个安有一百一十门大炮的军舰模型很感兴趣,详细询问了军舰的航速和威力等许多问题。出于大国皇帝的恩惠,乾隆帝还赏给参加安装人员每人四两银子,并在参观结束后留下了一句令使团成员彻底绝望的一句话:"以后不需要再见面了。"这意味着乾隆帝比较委婉地下了逐客令。

乾隆帝在参观完礼品陈列后,也意识到英国使团并非善类,立即传谕沿海各督抚密切监督英国人的往来行迹,严防不法渔民与英国人里外勾结。

乾隆帝刚回到皇宫,就闻报说英国人水土不服,死了三个人,但仍赖着不想回国。乾隆帝听罢,只是淡淡地对和珅说:"他们英吉利人究竟不配到中国来,来了就死人,你亲自去一趟,让他们办完了就走。"

八月二十七日，和珅在圆明园会见了马戛尔尼，向他转达了乾隆帝的意思。当时的马戛尔尼也正卧病在床，不过他还是按时来了。和珅首先向马戛尔尼表示了问候，然后说皇帝考虑到了北京的天气状况，使团成员的健康、厌倦、思念家乡等情形，出于对他们的关心，希望他们最好在冰冻之前动身回国。当然，和珅的词语是相当有分寸的。此时的马戛尔尼虽然身带重病，但依然没有忘却国王赋予的使命，厚着脸皮再次道出他此行的目的："我的国王希望皇帝陛下恩准我根据欧洲的惯例，作为常驻使节留在北京，费用由我国负担。这样便能在世界上最强大的两个君主之间建立起牢固的友谊。作为交换，皇帝陛下亦可向英国派驻使节。我保证一切都会安排得使您满意。皇帝的特使可舒适地乘坐英国船只旅行，他们将受到尊重，并能安然无恙地返回。"和珅对此表示一定如实上报。此时这些西洋鬼子哪里想得到，正因此前在避暑山庄万树园觐见时的礼仪之争，和珅的内心还留有余悸：此时若再将他们留京，断断不可将各情节向该贡使提及，恐该贡使复生疑虑，托病迁延，或不肯收拾贡物，又拖故不领敕书皆未可定。马戛尔尼留给中国人的第一印象是极为不好的，甚至特别糟糕，使得每一个人与其说话都要小心又小心，谨慎又谨慎。

八月二十九日，和珅派人再次叫来马戛尔尼，并且代表乾隆帝告诉马戛尔尼，给英王的复信将以隆重的形式送到他的住处，然后漫不经心地指着几个桌子上的黄纸包，告诉马戛尔尼，这是皇帝送给使团的最后一批礼物了。马戛尔尼带着失落沮丧的心情表示谢恩，并且再一次以撞了南墙也不回头的气魄向和

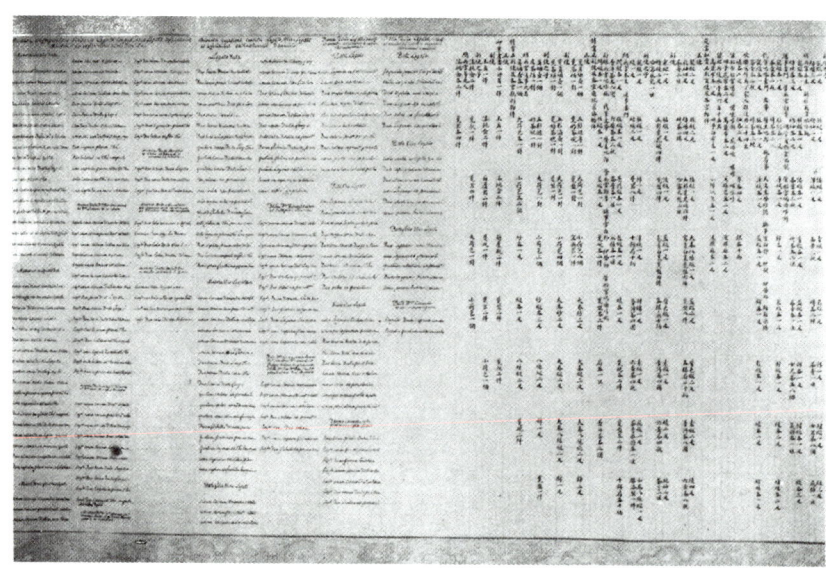

乾隆帝赏赐英国使团的礼品清单

珅递交了一份他草拟的照会，恳请转交朝廷，该照会为《大不列颠国王请求中国皇帝陛下积极考虑他的特使提出的要求》：

国王指示特使恳请皇帝陛下恩准：

1. 请求中国皇帝允许英国商船在珠山、宁波、天津等处登岸、经营商业。

2. 请中国按照从前俄国人在中国通商之例，允许英国商人在北京设一洋行，买卖货物。

3. 请于珠山附近，划一未经设防之小岛，归英国商人使用，以便英国商船到彼即行收歇，存放一切货物，且可居住商人。

4. 请于广州附近得一同样之权利，且听英国商人自由往来，不加禁止。

5. 凡英国商货自澳门运往广州者，请特别优待，赐予免税，如不能尽免，请依 1782 年之税率，从宽减税。

6. 请允许英国商船按照中国所定之税率切实上税，不在税率之外另行征收，且请将中国所定税率录赐一份，以便遵行。缘敝国商人向来完税，系听税关人员随意估价，从未能一窥中国税则之内容也。

7. 请允许英国在华传教的自由，并保障传教人员的人身安全。

本使节希望得到和珅阁老对此做的书面答复，以便英国国王满意。

1793 年 10 月 3 日 [1]

这一回，马戛尔尼在中国人眼里大跌眼镜了，英国人给中国人留下了这样的印象：如果不是奸商便是坏人了，哪有什么绅士风度可言！在英国使团离开北京的最后一天，乾隆帝专门给英国国王下发出了一份称为回信的敕书，在诏书中，乾隆帝不但拒绝了英国的所有请求，并且以天朝大国君主涵容四海的宽广胸怀耐心地向英王做出解释，其中指出：朕无求于任何人。我国所有的东西比你们所送的礼物更加精巧贵重，鉴于礼尚往来，我国送你们的礼品也够多的了，不要贪得无厌，赶快收拾起礼品，启程回国吧！最后以天朝大皇帝君临天下的口气对英王说："尔国王惟当善体朕意，益励款诚，永矢恭顺，以保尔邦，共享太平之福。"同时，乾隆帝指示和珅派人暗示英国人自己离开。事到如今，马

---

[1] 马戛尔尼《乾隆英使觐见记》。

戛尔尼也只好自己向乾隆帝提出了准予离京的请求，乾隆帝很痛快地答应了。

九月初三日早晨，英国使团即将起程回国。乾隆帝只是派遣和珅在城门口象征性地举行了一个告别仪式，并且希望马戛尔尼能对以往的招待满意，同时保证在中国境内一路上仍会得到最妥善的招待。到了通州之后，一个官员才将乾隆给英王的敕谕交给了马戛尔尼。英国人带着中国政府给予马戛尔尼的最后照会的答复和深深的遗憾离开了。在这份答复中，他们最后的一丝希望也被无情地粉碎了。天朝的威严是毫无情面且毫无回旋余地的，再次给这些不谙礼节的外夷人上了一课。

英国使团接下来所能做的就是悲观失望、伤心透顶地走了，他们落魄索然、一无所获地离开了曾经寄予巨大希望、向往已久的富有的天朝。英国使团中一位成员不无悲观地在日记中写道：

乾隆帝给英国国王的敕谕

"我们的整个故事只有三句话：我们进入北京时像乞丐，在那里居留时像囚犯，离开时则像小偷。"一位东印度公司的人员在他的著作中写道：马戛尔尼这次访华，是受到了"最礼貌的迎接，最殷勤的款待，最警惕的监视，最文明的驱逐"。

乾隆五十八年（1793）十二月初七日，马戛尔尼一行由广州起航回国，前后历时二百零四天。按照到达和离开北京的时间计算，恰好是四十天整。

但对于此事，中国人则另有一番描述："贡使于十二月初七日顺风放洋回国。因奉有恩旨，允许再来进贡，其欢欣感激之忱，形于辞色，益加恭谨。仰见我皇上抚驭外夷，德威远播，凡国在重洋及岛，无不效悃献琛。现在该使臣等起程回国之时，即预为下届贡忱之计，似此倾心向化，实为从古所未有。"

事情并不像中国人想象的那么天真和乐观，二十四年后的1816年，阿美士德率领英国使团再次访华，完全改变了中国人的这种乐观的看法。

嘉庆二十一年闰六月初四日（1816年7月28日），刚到天津的阿美士德使团，就被嘉庆帝派来的工部尚书苏楞额等人强行在英国使团的车船上挂上了"贡使"的旗帜，而且要求阿美士德觐见嘉庆帝时必须遵行中国的叩头礼节。当时中国的最高统治者嘉庆帝比他的父亲乾隆帝更加维护传统礼制，他不但要求英国人"尔使臣行礼，悉跪叩如仪"，并要求接办大臣必须让英国人在中国行叩头礼节，如不能使英国人如仪行礼，不但将英国人驱逐回国，还要治接办大臣的罪。和马戛尔尼所用方法一样，阿美士德坚决拒绝了。可怜的接办大臣不敢将实情上奏，向嘉庆帝撒谎说:"起跪不甚自如,勉力尚堪成礼。"七月初三日夜里,英国使团刚到达圆明园时,许多王公大臣已经在那里等候,他们想用突然袭击的方法,在阿美士德极端疲劳的情况下,迫使他稀里糊涂地就范。但阿美士德借口疲劳、衣冠不整、没有带英王的国书而拒绝前往觐见皇帝。尽管中国官员百般劝促,英使还是不肯入觐,并且强烈声明决不行三跪九叩之礼,嘉庆帝闻讯后大为光火,谕令将使团"即日遣回,该国王表文亦不必呈进"。可怜的阿美士德万里迢迢、千辛万苦漂洋过海来到中国,最后未能与嘉庆帝见上一次面,就这样被灰溜溜地赶了回去。

阿美士德像

英国使团出访中国的失败,原因之一就是对中国民俗中的礼仪与名分的理解不够,没有认真地重视并加以利用。对此,一位号称中国通的传教士曾经说过:"清王朝的政治目的仅仅是要人民安分守己,它极不重视和外国通商。只有那些被认为俯首归顺的外国使团才被他们接受。外国使团一旦被接受,所有的外交官员都由清政府配备车夫、翻译和仆人。这些服务人员受某部尚书领导,并向他汇报情况。外国大使讲的话都会汇报给尚书大人。外国人一步也不能离开指定的馆舍,只能出席皇帝赏赐的宴会和演出，他们只能接见属于礼仪性拜访的客人，外出拜访也只能是礼仪性的。"

英国派遣的使团两次访华均以失败而告终，迫使英国人以阴险毒辣的方法用大量的鸦片毒害中国人的身体和意志，继而使用野蛮的武力手段强迫中国人与之进行贸易，打开了中国封闭的大门。

外交谈判的失败，使得鸦片和战争成为英国帝国主义的新战略，鸦片严重摧残了中国人的身心，英国人更是从中掠夺了大量中国财富，使得时任湖广总督林则徐剀切陈词："烟不禁绝，国度日贫，百姓日弱，数十年后，不惟饷无可筹，并且兵无可用！"英国的这一场无硝烟的战争真可谓阴损至极。林则徐虎门销烟给英国人当头一棒后，气急败坏、恼羞成怒的英国人则把人类历史上最残忍的大炮搬了出来，打开了中国尘封已久的国门，直接后果是导致中国丧失了一系列领土和主权完整。《南京条约》的最终签订，使中国从此陷入水深火热的半封建半殖民地社会。

"所有那些最重要的历史性时刻，都需要有酝酿的时间，每一桩真正的事件都需要有一个发展过程。"奥地利著名作家斯蒂芬·茨威格这样说。

一段历史往事

冰冻三尺，非一日之寒。曾经拥有"康乾盛世"的大清帝国经过内忧外患、政治腐败等侵蚀之后，其庞大的身躯在惯性作用下还是向前移动着。当满目创伤的大清国在历史进程中来到同治朝，仅因为生了男孩而当上皇太后的慈禧出现在中国政治舞台上，虽然因剿灭"太平天国"之后出现短暂的"同治中兴"，但那也只是帝国临死之前的回光返照。慈禧由于强权过问同治帝私生活、干涉朝政，造成与同治帝不和，导致同治帝过早离世。之后慈禧则把她妹妹的儿子抱来当了新皇帝，即为光绪帝。然而长大成人的光绪帝最终也未能逃脱慈禧的摆布。慈禧视权如命，发动戊戌政变，囚禁了光绪帝，自己第三次垂帘听政，标志着中国晚清历史上最后一次企图通过内部变革而拯救国家于危难之中的机会被彻底扼杀了。光绪二十七年七月二十五日（1901年9月7日），清廷签订了中国历史上最为丧权辱国的不平等条约——《辛丑条约》，而慈禧依旧享受荣华富贵，并在自己临死之前再次行使政治权力，选定大清帝国最后一个幼主——宣统帝，同时让自己的侄女隆裕拥有左右朝政的权力。当然，慈禧临死还不忘记先毒死自己的政治对手光绪帝。慈禧死了，慈禧的侄女闪亮登场。隆裕虽有和慈禧一样的政治权力，却没有慈禧的政治手腕和韬略，在内外巨大压力下，隆裕这个女人终于支撑不下去了，不得不于宣统三年十二月二十五日（1912年2月12日）宣布大清皇帝退位，把国家政权拱手交给了民国政府。此时的隆裕依旧心存侥幸地认为民国政府会按照承诺，保证她们母子的安全及大清皇室宗庙和陵寝的永祀。其中，大清皇室与民国政府达成的协议——《关于大清皇帝辞位之后优待之条件》中这样写道：

今因大清皇帝宣布赞成共和国体，中华民国于大清皇帝辞位之后，优待条件如下：

第一款　大清皇帝辞位之后，尊号仍存不废。中华民国以待各外国君主之礼相待。

第二款　大清皇帝辞位之后，岁用银四百万两，俟改铸新币后，改为四百万元，此款由中华民国拨用。

第三款　大清皇帝辞位之后，暂居宫禁，日后移居颐和园，侍卫人等，照常留用。

第四款　大清皇帝辞位之后，其宗庙、陵寝，永远奉祀，由中华民国酌设卫兵，妥慎保护。

第五款　德宗崇陵未完工程，如制妥修，其奉安典礼，仍如旧制。所有实用经费，均由中华民国支出。

第六款　以前宫内所用各项执事人员，可照常留用，惟以后不得再招阉人。

第七款　大清皇帝辞位之后，其原有之私产，由中华民国特别保护。

第八款　原有之禁卫军，归中华民国陆军部编制，额数俸饷，仍如其旧。

然而此协议只执行了几年，后来就成了一纸空文，隆裕最终忧郁而死。历史没有因为她的死而使清皇室向有利的方向运转。袁世凯当皇帝的美梦破灭后，中国的政局又发生了很多的变化。退位皇帝溥仪再次复出的消息告诉人们：大清王朝还有一位后人存在。这个事实则告诉人们，可能存在封建王朝复辟的危险。

1924年11月5日，冯玉祥将清逊帝溥仪赶出了紫禁城，并宣布：中华民国不再有"大清皇帝"这一尊号，原先的宣统帝现在只是民国普通公民了，其宗庙陵寝依旧永远奉祀。冯玉祥此举不仅连根拔除了中国几千年封建帝制的象征，也在根源上彻底铲除了封建王朝复辟的祸根，但也为清朝皇陵日后被盗埋下了隐患。

自从冯玉祥将溥仪赶出紫禁城后，负责清东陵事务的人员便断绝了一切经济收入。东北奉军驻扎在清东陵期间，

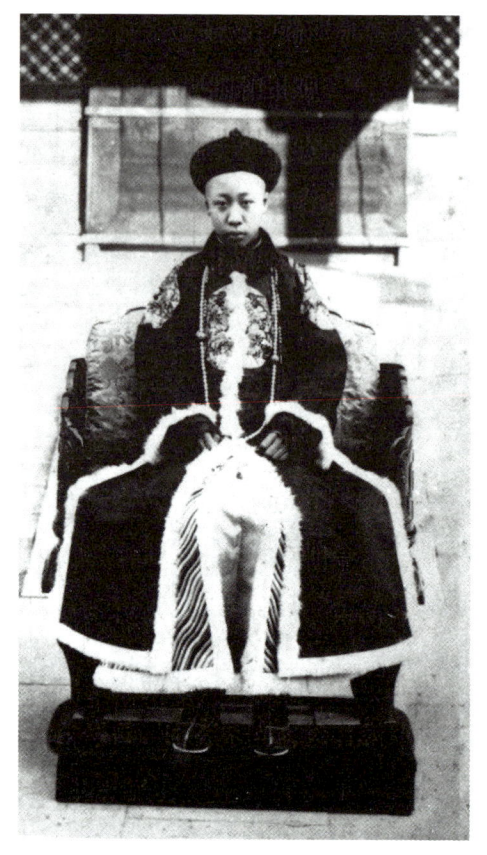

溥仪第二次登基朝服像

对原看守人员的财物又抢又夺，把清东陵数百万树木砍伐殆尽。这一切都表明，清东陵被盗的灾难已经为期不远了。

第四章
古墓史上的黑暗

清东陵的被盗,与当时的政治和社会背景是分不开的。孙殿英率军队盗掘了慈禧陵地宫和裕陵地宫,制造了民国时期最大的盗墓案。然而,民国当局为了彼此的利益,置国宝损失和国民呼声于不顾,其暧昧态度使盗墓者最终逍遥法外。

"要想富,盗古墓"

清东陵的守护者,在清朝时期由国家供给他们衣、食、住和工钱。他们的工作就是为皇陵的祭祀和保护服务,过的是一种衣食无忧的日子。然而,当他们的靠山——大清王室的生活都没有了依靠的时候,这些人的生活也没了保障。最初,这些人还能靠变卖家产、土地艰难维生,当房子里空荡荡的除了人再没有什么了的时候,饥饿、寒冷让有生存欲望的穷苦人想起了另一种维生的手段:扒坟掘墓。他们知道每一座皇陵,大到地面上的铜缸、铜炉等,小到各陵库房珍藏的祭祀用品,都是值钱的东西,而每座皇陵的地宫更是价值连城的宝库。于是,原先的护陵人变成了盗陵人。原来看守皇陵的翼长恩华等联络马兰镇总兵,不经当时

的守护大臣毓彭、溥多的同意,就在陵寝前圈设立木植局,并张贴拍卖陵园树株的布告:

库款支绌,薪俸无著,凡为旗丁,苦状难言……旗丁流落他乡者有之,贫困不能自给,因而不能尽职者有之,竟致陵务废弛、无人管理,值此艰难达到极点之时,不能不设法外治法,以资救济。……因思以有用之木材任人日偷月攘,同归于尽,不如由公家自行砍伐……变价提省办公。

东陵守陵大臣毓彭在民国十四年(1925)农历八月十七日,给天津张园胡大人的信中写道:

……护理总兵张之庆于毓彭未到任以先,听本地奸人之计划,视陵寝为奇货可居,凡官产官物一律排(编者按:应为"拍")卖。各陵瓷器一百二十余件业已装箱运走,当铺所存软件,现正查点出售。红墙以内树株擅自砍伐。桃花寺行宫早已变价。其余裕陵圣容及容妃圣容均行携入署中。仓房官所任意标价出售。独收私垦之租,强占守护之府。观其行为,非将陵寝一网打尽不止。毓彭因病未能往见,而张之庆即于毓彭到任次日遂赴京津运动实任,并填写排卖官物官产表册,请示张少帅,现在尚未回任。该镇如此行为,将来能否与之合作,实难预料。

其实,早在清朝没有灭亡的时候,清东陵的盗窃就已屡见不鲜。道光十六年（1836）七月二十二日，位于马兰峪许家峪的端悯固伦公主园寝就被盗走了一个铜香炉、两个铜蜡烛台和一个锡蜡扦。破案后抓住的盗贼竟是裕陵礼部的割草人。清朝灭亡后的1928年农历二月初八日（公历2月28日），清东陵的同治帝惠陵妃园寝的淑慎皇贵妃墓被盗，这是清东陵第一座被盗的地宫。虽然事后抓住了盗墓者，但此河一开，就很难控制局面了。

1928年，蒋介石虽然短暂控制了全国的局势，但他为了排除异己，准备通过裁军的名义削弱冯、李、阎三个集团军的实力，作为杂牌军的孙殿英部更是首当其冲地在裁编之内。此时正为军饷发愁的孙殿英正驻扎在距清东陵不远的蓟县（今天津市蓟州区）马伸桥一带，沿途多次见到拉着清东陵金银铜器等文物的大车通过。土匪出身的孙殿英心里就开始在皇陵上打主意了。他以剿灭当地土匪马福田为借口，在马兰峪张贴布告：

军部布告

为布告事，照得马兰峪股匪猖獗，劫抢烧杀，奸淫掳掠，民不聊生。本军长应地方绅董之请，特派劲旅竭力剿除，赖官兵奋勇，将士用命，巨匪授首，元恶已除。除当场击毙不计外，生擒悍匪三十余名，已就地正法，以昭炯戒，借寒匪胆。犹恐余孽尚在，死灰复燃，一面举办清乡，逐细查究，一面搜索山林，随处侦缉，以期一网打尽，永绝根株。尔商民人等，如有侦知匪人逃匿踪迹及潜藏处所者，应即报告，以便拿获而清妖孽。

本军长束发从戎,向以保国卫民为职志,除暴安良不遗余力,其有被匪蹂躏之区,不得安居乐业者,本部但得报告,即派队剿办,职责所在,不敢告劳。仰尔各色人等,转相告诫,一体周知。切切此布。

国民革命军第十二军军长孙魁元
中华民国十七年七月三日

打跑了马福田之后,孙殿英的匪军又将马兰峪折腾得鸡犬不宁,随即在清东陵一带以搞军事演习为名,封锁了通往清东陵的各个路口。其下属谭温江部盗掘了慈禧陵地宫,韩大保部盗掘了乾隆帝的裕陵地宫。据说,这些匪徒最初找不到地宫入口,便在当地的旗人中找到了两个白胡子老守陵人,软硬兼施,这才指点出两陵的地宫入口。其中,裕陵地宫入口在哑巴院琉璃影壁墙下面,这些匪徒挖开一个大坑才钻进了地宫。裕陵地宫由于渗水,地面积存了很多白灰浆,一些士兵在去马兰峪购买物品时,被当地人发现他们腿上有很多白灰泥浆。匪徒在裕陵地宫里面,使出种种方法,顺利打开了前三道石门,但是最后一道石门,说什么也打不开了,情急之下,就令工兵使用炸药,将第四道石门炸坏才得以进入。他们进去后发现有一口巨大的

孙殿英像

棺椁顶在了石门的后面，炸坏的石门压在棺椁之上，匪徒用利器在棺椁上面砍出一个大洞，盗取了里面的珍宝。

据一些资料记载，这些匪徒用了七天七夜的时间盗取珍宝。又据说，这些匪徒在盗掘皇陵之前，孙殿英鼓动匪兵说："他奶奶的！满清杀了我祖宗三代，我得报仇！不报仇是孬种！冯焕章（笔者注：即冯玉祥）逼宫，我崩他八辈祖坟！我对得起大汉同胞！我这是革命，这也是为革命做出的贡献。"有资料记载，孙殿英曾亲自到两座陵寝地宫里面查看和监督手下盗取宝物。

由于地宫光线不足，只能靠火把照明。匪徒人多手杂，时间紧迫，他们在盗走大部分珍宝后，就立刻用从地方征调来的二十余辆大车把珍宝都拉走了。匪徒走了之后，当地的一些土匪或者村民，再次对裕陵地宫进行扫仓，把地宫中的泥浆、垃圾用麻袋带到河边，用水淘洗以期再次发现珍宝，这就是裕陵地宫里面的遗骨不全的原因。

后来，清东陵这些被盗的价值连城的随葬珍宝，有的进入了某些大员的私囊，有的流失国外，有的成了某些人的镇宅之宝，有的被私人收藏，还有的被损坏……天各一方，难以统计。

盗陵内幕大曝光

虽然是路透社最早报道的东陵被盗，但实际上最早知道此事的还是清朝遗臣遗老中的原清朝都统完颜衡永（字亮生）。农历六月十二日，住在北平的衡永收到了时任遵化县知事蒋起隽写的一封私信：

东陵此次惨案幸在弟接印前数日,尤以乾隆、孝钦后陵为甚,尸骨狼藉,惨不忍睹。同治惠妃尸体如生,实不可解,惠妃尚系弟之表姑也。可叹可哭!现在此案范围扩大,弟处正在查办,将来需由国民政府会议解决也。清室为一代君主,逊位不及二十年,如此结果,令人伤心。乾隆及孝钦前后男女两英主与中国盛衰关系最大,此次遭劫亦最甚。不遭于外人之手,不遭于革命人之手,而遭于无知识想发洋财之一群军匪之手,想默默(注:疑惑"冥冥"之误)中亦有定数耶?

三哥大监,弟隽上

衡永收到来信后,思量再三,觉得此事非常重大,于次日便把这封信交给了逊清皇室北平办事处的载瀛等人手中。这些清皇族宗室看过之后,大惊失色,立刻向北平卫戍司令部的总参谋长朱绶光报告了清东陵被盗的惨案。朱绶光也不敢私自做主,又向平津卫戍总司令阎锡山做了汇报。阎锡山立刻命令天津警备司令傅作义派遣一个营的兵力赶赴清东陵保护,并通令全国各警察署(局)海关、检查站,严密注视可疑

溥仪的老师陈宝琛像

案犯和可疑财物，必要时立即扣留，详细盘查。与此同时，载瀛等人于当日，即农历六月十六日派专人给正在天津张园陪伴溥仪的陈宝琛（字伯潜，号弢庵）送去一封信函。农历六月十六日，曾经当过溥仪老师的陈宝琛收到来信后，立刻呈报给了溥仪，原信内容如下：

弢庵太傅阁下，敬启者：本月十三日由衡亮生（永）交来戚友现任遵化知事蒋起隽私函，惊悉东陵有盗发情事，尤以裕陵、菩陀峪定东陵为最，惨痛莫可名言。当即托人介绍于十四日同到卫戍总司令部，面见其总参谋长朱君绶光，求其加派队伍前往保护，并速行惩办匪徒，允即照办，是日晚间接其电话云：已派定兵队出发矣！十五日清晨，复同

溥仪在张园像

谒商总指挥震，未及晤面，仍拟继续接洽。日内有人述称：珠襦玉碗，已见人间。刻正多方侦察，俟有端倪及办法，即行赴津上闻。兹将蒋知事原函附寄，统祈代陈为叩。溽暑诸惟珍摄，万万，不庄。定园同坐致候。

载瀛、载泽、溥伒、宝熙同启

溥仪得知自己的祖坟东陵被盗后，非常震惊，立即在张园设立灵堂祭奠，并召开了"御前会议"。会后决定派耆龄（字寿民）、宝熙（字瑞臣）、陈毅（字治重）等遗老重臣前往东陵勘察，办理一切善后事宜。宝熙认为这是一件十分重大的事，应该有皇室宗亲两三个人一同前去才合适。于是又加派载泽、溥忻、溥侗、恒煦共同前往。同时，农历六月二十三日由陈宝琛为首向阎锡山发了一封电报：

> 北平阎总司令鉴：惊闻东陵近被匪军发掘，以裕陵、定东陵情形最惨。中外骇痛，物论哗然，惟贵总司令执法如山，除恶务尽。如此巨案，必不稍宽。合词切恳严饬已获重犯迅即归案讯究；逸犯务期悉数弋获，尽法惩治，以申冤愤。一面加派得力军队驻陵专任保护，以慰群情。立盼施行，不胜悲悚迫切之至。
>
> 陈宝琛、朱益藩等七十五人同叩（漾）

农历六月二十二日，溥忻又收到东陵内务府旗人和钧[①]于农历六月十八日写给贝子溥忻的一封信：

> 东陵被盗情形文呈为报告。东陵被盗情形以资究办事。窃查阴历五月间，奉军退却之际，陵寝保护无人，守护大臣

---

① 和钧：清东陵守陵官员，汉姓"黄"，名为"和仲平"，为前任景陵郎中连璧（黄浩然）之长子。光绪二十四年任昭西陵笔帖式，光绪三十二年十月升景陵主事。宣统元年五月升惠陵员外郎，宣统十年正月因办理木植局被参革职。写此呈文时，仍为东陵守陵人。

毓彭串通内务府郎中博尔庄武、麟祥、翼长恩华等，并有著名土棍惠陵幼丁邵受言，勾结木商朱子山、遵化商务副会长陈敬斋会同北平西珠市口铺陈市复兴永经理张裕振等，起意盗卖各陵金银器皿、软片、五供各物，定价五万余元，又愚惑利诱众旗丁为变卖发起人。复联络当地土匪为保障，于五月十四日竟将各陵物品由朱子山等在金银器皿库内取出，运至遵化县。近闻转运平、津，设法售与外人，借饱贪欲。该商等业将款项拨付，阳则借维持旗众生计为名，阴即由奸盗朋分。此风一开，当地人民皆以为陵寝官物可以自由取夺，绝无窒碍，群起拆毁殿庭，肆行偷卖。仅五六两月时间，所有楠木檩架均行拆毁一空，仅存殿盖。而昭西陵、孝陵、大红门、更衣殿、景妃陵、惠陵东西配殿、神厨库情形尤甚。时有孙魁元军队住在马伸桥，目睹此等情形，见利智昏，顿起祸心。派其师长柴云陞、旅长韩大保，假借剿匪名义，于五月十八日率队分驻各陵。将裕陵、菩陀峪定东陵，用爆药炸毁地宫，将梓宫发开，尽将地藏贵重物品全数掘取，隐匿盗卖，事毕返防。现下各陵毁坏已极，裕陵、定东陵地宫，先皇、先后御骸，尚在暴露，悲惨情形笔难罄述。而该守护大臣毓彭与本陵在职人员不但漠不关心，反皆来京商卖各陵铜炉、鼎、鹿、鹤等古物，俾裕私囊。似此胆大妄为，罪恶已极，理应从严依法惩办，用正典刑。特此泣陈，敬祈裁夺，转饬将该盗犯等缉拿追办，以惩暴逆。钧所呈各项如有不实，情甘反坐。伏乞钧鉴。

和钧谨呈

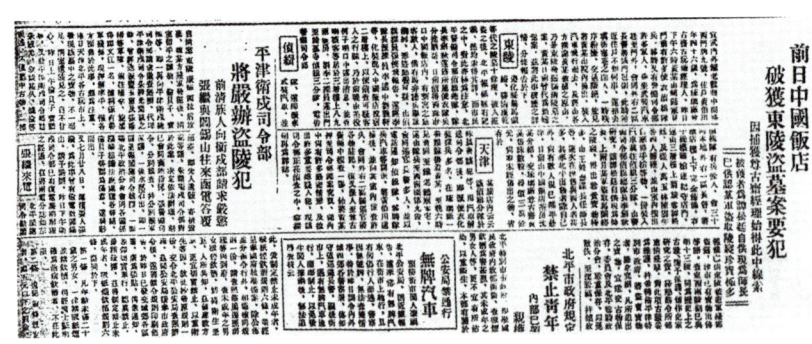

关于谭温江被抓住的报道

和钧在信中为了证实东陵被盗的事实，还在信的最后写道："钧所呈各项如有不实，情甘反坐。"于是，以醇亲王载沣为首的逊清皇室立刻于当日午后再次向平津卫戍总司令阎锡山发了一封抗议性函电：

> 太原阎总司令鉴：据报东陵被盗，以裕陵、定东陵发掘情形最为惨重，当请北平贵总司令部派兵保护，并饬严缉案犯究办。经警备张司令（张荫梧）在北平城内破获要犯谭温江及代销赃物之铺掌黄姓，群谓指日讯明，尽法惩治，稍足以伸悲愤而儆凶顽。讵谭温江忽经保释，全案转送贵总司令部办理。众情不免惶惑，清室尤切忧疑。窃以两陵惨毁，尸骨暴露，葬物劫掠一空，道路哗然，人人痛诧；矧居属籍，哀疚何堪！素仰贵总司令手奠平津，安良除暴，似此穷凶极狠之巨犯，必不为麾下所宽容。敢率宗人同声呼吁。万恳台端迅电北平总部，务即拘传谭犯归案，严讯党羽，踩缉逸犯，一律处以军法，并取获赃物，宣示大众。庶国纪以立，民生以安，不独清室迫切待命已也。临电哀哽，立盼施行。
>
> 载沣率载振等暨清室四十六族宗室全体人员同叩（养）

就在此电文发出的次日，也就是农历六月二十三日，阎锡山又收到一封以载沣牵头署名的四十六族代表发出的信函：

阎总司令钧鉴：敬启者，清室。东、西陵向由民国政府设镇守使各一员，派拨军队专司保护，用意周洽，感激同深。虽砍伐树株、偷窃物品等事，时有所闻，然陵寝重地仍复安固如常。近年以来，政变迭出，镇守者常不在署。或军队纵横，占住室庐，则守护者无容身之地；或土匪猖獗，绑票骚扰，则警卫者无驻足之区；任呼吁而罔闻，思防维而乏术。载沣等目击情形、蚤夜焦灼。是以旌麾莅止，曾有迅筒镇守使派拨军队，以资保护之请。不意方蒙批饬，旋据东陵守护员司报称：各陵被匪踩躏，而裕陵、菩陀峪定东陵情形尤重，宝城发掘，骸骨暴露，附身冠服、物品及地宫内陈设各件，盗去无遗。惊闻之下，椎心泣血，痛不欲生。伏思东陵地方辽阔，工程坚固，绝非少数人所

清族人请求从严法办盗陵人的报道

能动摇。必系大股军匪,凭仗利器,始能肆彼贪心,逞其凶焰。现闻各种物品,市间已经发现,若赶紧设法侦查,不难水落石出。伏惟执事荣任以来,日以除暴安良为事,舆情爱戴,异口同声。况案情重大,尤非寻常盗窃可比。再四思维,惟有仰恳严饬文武员弁,迅速踩缉赃盗到案,务期全数弋获,尽法惩治,无令漏缉。一面仍求转呈政府,严订两陵保护办法,俾永远遵守,以安先灵,而杜后患。感铭之私,实无既极。不胜迫切祷祈之至,敬祈鉴核施行。此致,敬颂勋绥。

　　清室代表载沣等率载振、载洵、载涛、载瀛、载泽、载润、溥忻、溥侗、溥绪、溥钟、溥锐、毓嶟、毓彭、全荣、诚堃、昭煦、宝熙暨四十六族宗室人等同上。

　　尽管逊清皇室宗族和众遗老低三下四地使用了竭尽颂祷的姿态,但换取的只是阎总司令几句不冷不热的回电。他在农历六月二十九日发给陈宝琛的电文如下:

　　陈弢庵先生转朱(益藩)、陈诸先生钧鉴:漾代电诵悉。东陵被掘,至深骇诧。获犯已电请中央派大员讯办,并由敝军遣派得力军队前往保护矣。特复。

　　　　阎锡山(寒)

平津卫戍总司令阎锡山像

阴历七月初一日即阳历8月15日，阎锡山又以删电复载沣等：

> 日界张园载先生并转诸先生台鉴：函电均诵悉，东陵被盗，至深骇诧。已电请中央选派大员讯办，并派兵保护矣。特复。
>
> 阎锡山（删）印

正当阎锡山等政府大员对此敷衍之际，一则对清皇室有利的报道出现在人们的视线中。阳历8月16日，《顺天时报》刊登了《青岛警厅呈送盗犯张岐厚证文》：

青岛特讯：青岛警厅侦探队，于本月四日在大港码头，拿获盗窃东陵犯张岐厚等三名，并珍珠三十六粒，钞票一千余元。当经严讯，供认不讳。兹将呈报商埠局原呈及供词录后：

呈为查获炸清陵人犯张岐厚等，及携带弹药犯黄凌川具报讯供情形，仰祈鉴核示遵事。窃据职厅侦探长刘清霖报称：本月四日，据职队侦查码头探警王诚齐报称，据伊胞弟五仪臣由天津乘陈平丸来青，查得同船有旅客二人，不知姓名，携带钞票多张，绝非善类，请为派员检查等情。职闻报急派探目王孝亭、张子珍，探警沙吉友及韩瑞生驰往。由陈平丸船上，将张岐厚、张殿元等二名查获，会同大港分驻所巡官赵仲岐检查，该张岐厚带有珍珠大小三十六颗、天津钞票共一千零十元。复由一行李内检出国民革命军符号四个、黄凌川护照一纸、二毛银洋四十七个。并子弹枪药军装等物。当即雇用永泰和汽车将该犯等一并带队，旋经巡官赵仲岐电话声称：有广东人黄凌川

> 青岛捕获盗陵犯
> 奉天丸之三乘客
> 当搜出珍珠一颗大逾桃核
> 供称发掘乾隆等墓均在内
>
> 青岛通信，日前各报纷载消息，破获被获卷及玉石珠等物甚夥，分向各处扫搜获要犯，破案后单某题注意，本月五日搭天丸逃港，内有乘客三人，意态不安，形迹可疑，经警逻督察官兵向前盘查，营语支谁，遂由身边搜出珍珠一颗，大逾桃核，实为普通不易轻见之品，又由行箧中搜出金宝物不少，以其来跡不明，带返讯问，据犯等始供称得宝，北平盗掘陵之犯，北平案发，不得已逃来青岛，暂避风头，不幸被捕，并供称裕陵乾隆墓及慈禧墓发掘时，彼等亦在内云。

张岐厚在青岛被抓住的报道

至该分所找伊行李。该巡官赵仲岐遂令黄凌川自行来队，当由该黄凌川身上及行李内检出枪药一铁盒子，子弹二十一粒及上海、香港钞票共二百零四元等情，连同珍珠、钞票等件一并送请核办到厅。当即饬科讯，据张岐厚供称：安徽人，曾在国民第十二军军部当随从兵，今年五月间，队伍开至东陵驻扎，由军长孙殿英饬工兵营夜间将西太后及乾隆帝两墓用地雷炸开，惟营长以上始能入内拿取东西，我这珍珠是天明以后跟副官往西太后坟里拾的。由津来此，拟回原籍等语。据张殿元供称：河南人，在国民十二军当伙夫，与张岐厚同事，因无钱回家，故他使我同行，张岐厚的珍珠从何而来，实不知情。查发掘坟墓而损坏遗棺、盗取遗骨及殓物者，律有专条，张岐厚虽属从犯，罪亦难逭；张殿元虽供不知情，既与张岐厚同事结伴，究属嫌疑重大。除将张岐厚等发所管押外，应如何办理之处，理合抄录供词、函件，连同珍珠三十六颗一并备文呈报。伏祈鉴核，指令祗遵。谨呈胶澳商埠局总办赵。计呈送珍珠三十六颗、抄供三纸。

胶澳商埠警察厅厅长王庆堂　谨呈

附：抄供

张岐厚供：我今年二十三岁，安徽南宿州人。从先在第六军第二混成旅一团团部当随从兵，以后又改编在十二军军部当随从兵，军长孙殿英。我们的队伍，向驻蓟州一带。于今年五月间，队伍开至马兰峪打土匪，驻在东陵，是由军长孙殿英领着两旅人去的，人数不足，旅长有韩大保及柴旅长。于五月节前二三天（按：应为"五月十七日"，这里记错），由军长下令教工兵营用地雷将西太后及乾隆皇帝二坟炸开。当时我未得去，由军长的人把着门，都是团、旅、营长们下去拿东西，别人不得进去。他们拿完了，到天明以后我才去的。我这三十六颗珠子，就是在西太后坟里拾的。以后我们的队伍就往热河开走。在杨哥庄地方，我因当兵不易发这些财，再跟着队伍打仗去也无益，所以才由杨哥庄偷着跑了。到了天津，我还在天津卖了十颗珠子，卖了一千二百元钱。当时买了两个金戒指，一只手表，由天津坐船来青，再赴上海，转回原籍去。我这三十六颗珠子，是人家拾剩下的。我的一千零十元钱，就是在天津卖了的那十颗珠子去了花费剩下的。这张殿元是我教他一同回家的，我管盘费。我得的珠子等，他都不知道。我们在第六军时就同事，这黄姓我不认识，我未同他当过兵，不是同我来的，所供是实。

这份"供词"的出现，直接将盗陵主犯指向了国民军第十二军军长孙殿英。于是各种团体的电文、声明、通启、言论等像一枚枚重型炸弹一样砸向国民政府和平津卫戍司令部，人们除了强烈指责孙殿英伤天害理的劫掠行为外，还要求国民政府对盗陵主犯严加惩办。国民政府面对巨大的社会压力，不得不开始考虑如何处理这件盗陵案了。

第五章
查办东陵盗案

东陵盗案发生后,国民政府和清皇室都派人来到东陵,人们发现了假冒的政府官员的行迹以及裕陵地宫一具保存完好的女尸和乾隆帝的遗骨。

东陵的神秘来客

东陵盗陵案发生后,国民政府在舆论压力下,北平政府指派政府官员刘人瑞、张宗海、俞奋、谭肖岩四委员前往马兰峪,接收东陵一切事宜。

当这些官员来到东陵时,竟然意外发现在他们来东陵之前就已有一位叫"宋汝梅"的人冒充南京内政部官员来马兰峪接收东陵一切事务了,并将东陵库房的一些珍贵文物携带出来,私藏在

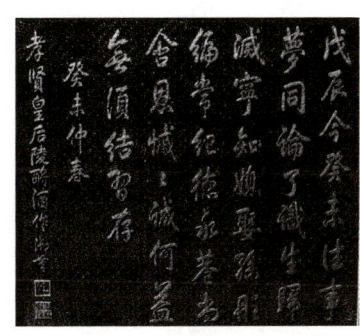

被宋汝梅盗走的牌匾之一

自己居住的地方。其中有大号铜佛六尊，中号铜佛九尊，供花三盆，铜铃一件，铜塔顶戴链一件。而另有十件雕漆匾对，由于看守人员借口有新政府官员来到为由阻止宋汝梅拿走，仍存库房。正当北平来的官员清点这些文物时发现，宋汝梅已逃跑。于是派出当地警长前往宋汝梅寓所——马兰峪塔山三皇庙，追寻所藏的各件文物。在对塔山三皇庙的僧人严加追问后，也没有将宋汝梅所

国民政府派来负责调查东陵盗案的刘人瑞像

带出来的文物全部交出来，于是将宋汝梅的副官和庙上的僧人看押在警察局。后来在僧人的卧榻被单内取出铜塔顶戴链一件、供花三件、铜佛二座，而小铜匾及铜对联还是被宋汝梅带走了。后来虽然将宋汝梅抓获，但是此人拒不交出所带走的文物，最后竟大模大样地回到了北平。

国民政府委员刘人瑞等人在尽力追回文物的同时，还将此一富有戏剧性的插曲据实电告南京内政部。内政部立刻派科长罗耀枢来北平查办，并于9月3日致电北平国民政府接收委员会，一口否认曾派宋某"接收"一事：

> 国民政府接收委员会勋鉴：顷阅九月一日《时报》载有尊处委员刘人瑞报告，云在马兰峪见有内政部接收东陵委员宋汝

梅手书之空白布告，并由守库队交出宋汝梅携物手条一纸，内载铜佛供花等物单开各件，已由塔山庙僧人交出若干。经查不敷，系由宋汝梅携出，有云小铜匾及铜对联确系宋汝梅携出去语。查本部前后奉令，从未派有宋汝梅其人。贵会如确切查明宋汝梅有盗物情事，请即就地扣留，并盼贵会将调查详情函知来部，以凭查办为祷。薛笃弼江印。

既然南京内政部不承认有派宋汝梅接收东陵一事，那么，宋汝梅也就是假冒的"接收委员"了。但是，在溥仪派往东陵进行善后重殓人员的日记中曾多次提到"宋汝梅"这个人，称其是内政部大员，并与其共同吃饭，与其一起调查陵寝被盗事宜，这就足以说明宋汝梅是有一定社会背景的。从他的突然逃走和后来回到北平来看，这不是他个人的行为，而是受人指使的。因此，有一位号称"南海胤子"的人，在他所写的一本东陵《盗陵案》中这样写道：

吉三道（笔者注：书中私人侦探吉三问官方侦探贾福）："昨天报纸登载宋汝梅被捕，究竟是真是假的呢？"贾福道："那是真的，他的孩子宋玉还欲运动保释。市政府因宋汝梅是奉国府内政部电令交拿的要犯，未便轻于发落，已决定移交法庭起诉。所请保释，已批斥不准了。"吉三道："那个宋汝梅，从前不是做过甚么局长的吗？也是近今国民党里有名的人物，何至闹出这个笑话呢？"贾福道："里面的黑幕，我就不知道了。不过近来官家的事情，真是一言难尽，常有一个小小的局署，各方面都争着派人，一个局，弄出几个局长。你争我夺，看谁的势力大，就算归了谁。还有地方是这边的地方，势力不是这边的势力。派了人，仍是接收不来的，这样的笑话，在这几个月内，不知出了多少。咱们当一份小小差事，本来是管不着。但系一国三公，朝秦楚将，侍候这样的上司，也不大好办。吃饭的饭碗，未免受他的影响，天天都是摇摇不定的了。论说宋

民国《盗陵案》小说封面影印

汝梅这样人，若是一点把握没有，未必肯冒冒失失，跑去充接收的委员，乱贴告示，而且刘人瑞这班人到了东陵，宋汝梅还没有走，他明知刘委员一定有报告回来的，他居然敢跑回北平，自投罗网，任你是谁，也没他胆大。在我个人的糊涂脑筋，实在是摸不清怎么一回事。"吉三道："天下的事情，就怕起了贪心，古训有言'利令智昏'，任你是聪明一世，偶然被贪念所迷，就要弄到一错难翻。东陵内的珠宝多不胜数，盗坟的搬运不清，是人人晓得的，宋汝梅脑筋太过灵敏，欲行捷足先得之计，急急冒充委员前往，不顾利害，也许是贪欲太炽，不过事情败落之后，尚敢回来北平，这就难以测度他的心理了，或者是在马兰峪，给人家追截时，已有人监视着他，想逃跑也办不了，未必是他自己愿意要跑回来的罢。"

至于后来宋汝梅结局如何,已不在我们的关注之中,这些虽是盗陵案之中的一段小插曲,但足以说明当时中国政局秩序的混乱,盗陵案的发生是偶然中的一种必然。然而,这一切对于清东陵所藏珍宝来说却是百害而无一利,清东陵遭破坏的程度也可想而知了。

珍贵的盗案史料

溥仪在御前会议上成立的"详查筹办东陵被盗善后事宜小组"负责办理东陵被盗善后事务,主要成员包括辅国公载泽,原总管内务府大臣宝熙,原内阁学士耆龄,原侍郎陈毅、公恒煦、奕沺,贝子溥忻,将军溥侗、联堃、徐埴(字"榕生")、志林,另外还有仆人、官役、工匠、厨役、卫兵等,共七十多人。这些人在准备了充足的经费和物质后,分乘小汽车十辆、大汽车五辆,载着行李等各物,于8月18日从北京出发,第二天下午到达东陵,住在裕大圈前员外郎和仲平(和钧)的家里。

因为清东陵所在地遵化马兰峪隶属河北省管辖,东陵被盗,河北省政府自是首当其责,所以省政府责成驻东陵河北第一林垦局参议杜孝穆就地调查东陵被盗始末。

至此,国民政府、河北省政府、清皇室的三股调查力量齐集东陵。他们在东陵所做的勘察、接收和善后等工作,后来都公布于世。

其中,清皇室派出的"详查筹办东陵被盗善后事宜小组"于8月22日记录了一份详细的清单,这份各陵残破清单如下:

昭西陵：小碑亭内天花板全失；神厨库全行拆毁，仅存围墙；东朝房拆毁，间架仅存；东西班房门窗残缺；隆恩门匾额尚存，字已毁，门存五扇，门钉全失，里檐坍塌；隆恩殿隔扇、槛框、窗棂，拆毁无存，殿内抱柱全行砍坏，柱脚周围，仅剩五寸有余，情形最重。天花板、天窗尚存；神龛佛楼全失；东西配殿残毁情形大致相同；东西琉璃角门槛框全失；宝城、明楼上地面甬道方砖，全行挖起，门扇槛框全失；宝顶上自生树株，全被砍伐，仅存榆树一株，并因搜挖树根，将原筑灰土刨裂，致三两处有松浮情形。

孝陵：大红门门顶全被拆毁；具服殿全毁，仅存围墙；石像生间有残毁；龙凤门门顶全毁；大碑亭只有上顶，四围栀云天花板均拆毁无存；外檐周围瓦片全行脱落，情形较重；小碑亭周围栀云均失，天花板失去二块；神厨库门窗拆毁间架仅存；东西朝房门窗枋檩均失；东西班房木架无存，墙坍塌；隆恩门匾额失，内外天花板、门扇、槛框全失；隆恩殿隔扇、槛框、窗棂全失，石柱间有残毁；神龛佛楼全失；东西配殿门窗、槛框全失，枋檩间有失落；琉璃门槛框全无；石台五供倒地未坏，瓶花已碎；宝城明楼门扇隔扇槛框全失，宝顶上自生树株全伐。

孝东陵：隆恩门匾额、门扇、天花板全失；隆恩殿神龛、门窗、隔扇、天花板全失；东西配殿门窗、槛框、天花板全失；石台五供有损坏；铜缸存，已毁坏；宝城明楼门扇、隔扇全失。

景陵：石像生象牙伤；小碑亭周围栀云均失，天花板失去三块；神厨库门窗均失，枋檩柱有失落；东西朝房门窗、槛框、枋檩全失；东西班房木架全失，墙坍塌；隆恩门匾额失，门扇全存，门钉失，枋子、天花板俱无；隆恩殿石栏有毁，隔扇、槛框、窗棂、天花板全失；神龛全失，佛楼隔扇失四件；琉璃门槛框全失；铜缸存一；二柱门西边石柱倒断；石台五供有损坏；宝城明楼门扇、隔窗、天花板全失，枋子不全。

景陵妃园寝：东西班房木架全失，墙坍塌；宫门二扇、檩枋全失；享殿神龛、门窗、槛框、天花板全失；琉璃门门框全失。

悫惠皇贵妃、惇怡皇贵妃园寝：东西朝房门窗、槛框全失；西班房木架均无，墙坍塌；宫门门存，铜钉全失，内外天花板全失；享殿神龛、暖阁门窗、槛框全失；琉璃门槛框全失；宝城明楼门扇、隔扇、天花板全失。

裕陵：石像生间有残毁；小碑亭外檐瓦片脱落；神厨库门窗槛框全失；东西朝房门窗槛框全失；西班房门窗全失；隆恩门匾额存，字无，门扇失去四扇，尚存二扇；隆恩殿隔扇、槛框、窗棂全失；神龛佛楼全失；东西配殿隔扇、槛框、窗棂全失；琉璃门槛框全失；石台五供存，瓶花残毁；宝城明楼门扇、隔扇、槛框全失，地面金砖翻起四块；琉璃影壁前掘有一穴，砖石填满。

裕妃园寝：东西朝房门窗、槛框全失；宫门二，存，铜钉全失；享殿神龛门窗、槛框全失，后檐脱落不齐；东西角门槛框全失。

定陵：小碑亭栨云失去一层，天花板失去十一块，外檐瓦片脱落；神厨库门窗、槛框全失；东西朝房门窗、槛框全失；东西班房门窗不全；隆恩门匾无存，门存五扇，铜钉全失；隆恩殿隔扇、槛框、窗棂全失；神龛佛楼全失，天窗存，天花板失；东西配殿门窗、槛框全失；琉璃门槛框全失；玉带河两岸砌石全行推翻河内；宝城明楼门扇、隔扇、天花板全失，后檐阶下有掘痕一处，深不及尺，宽约二尺，已饬匠修砌；宝顶前正中有掘痕一处，宽、深约二尺余，情形不重，已饬匠修砌。

普祥峪定东陵：神厨库门窗、槛框全失；东西朝房门窗、槛框全失；东西班房门窗不全；隆恩门门扇全失；隆恩殿隔扇、槛框、窗棂、天花板、天窗全失；神龛佛楼全失；东西配殿隔扇、槛框全失；琉璃门槛框全失；宝城明楼门扇、隔扇全失，门内后墙凿毁砖块三处，情形不重，唯上面有震裂痕迹，城上金刚墙内，亦有被挖痕迹，已饬匠修补；宝顶前正中有掘痕一处，宽深不及二尺，已饬匠修补。

菩陀峪定东陵：神厨库门窗、槛框全失；东西朝房门窗、槛框全失；东班房门窗全失；隆恩门门扇全失，门框砍去一半；隆恩殿隔扇、槛框、窗棂、天花板、天窗全失；神龛佛楼全失；东西配殿隔扇、槛框全失；琉璃门槛框全失；宝城明楼门扇、隔扇全失，槛框存，门内墙下掘有一穴，砖石填满，城上地面金砖全被翻动。

定妃园寝：东朝房门窗、槛框全失；宫门门扇、槛框全失；享殿神龛隔扇、槛框、窗棂全失；琉璃门槛框全失。

惠陵：小碑亭天花板全失；神厨库屋宇全毁，仅存围墙；东西朝房门窗、槛框全失，间有坍毁，仅存竖柱之处，东朝房竖柱并有砍坏情形；东西班房拆毁无存；隆恩门门扇、槛框、天花板全失；隆恩殿隔扇、槛框、窗棂全失，地面金砖及后檐砖均被挖损；神龛佛楼全失；东西配殿隔扇、槛框全失；琉璃门槛框全失；宝城明楼门扇、隔扇、槛框全失，城上地面砖石全被翻起，情形较重。

惠妃园寝： 东西朝房、东西班房全毁；宫门门扇、槛框全失；享殿神龛门窗、槛框全失；琉璃门槛框全失。

各陵隆恩殿前陈列铜炉、铜鹿、铜鹤全失。

国民政府在东陵被盗后，接收北平府院办公处在国民政府的指令下，派出了接收东陵委员刘人瑞、张宗海、俞奋、谭肖岩，接收东陵一切事宜。8月25日，《新晨报》刊登了他们调查东陵的详情：

一孝陵， 即顺治陵，陵尚完好，惟殿阁毁坏不堪，而东西两庑尤甚。

二孝东陵， 陵亦完好，宫门、朝房均拆毁不堪，陵亦拆去三分之一二，惟隆恩殿尚完好可观。

三昭西陵， 即顺治母陵，完好。惟隆恩殿各柱下截均被大斧砍去十分之九，仅存一线，似非短期间所为者，若以此撑持大厦，不出数月便可完全倒塌。其余朝房、宫门及省牲所等，仅存瓦砾一堆，颓垣数丈而已。

四景陵， 即康熙陵，陵完好。惟隆恩殿中四金柱之下截贴金，均已脱落，其余各朱漆柱亦有刀斧痕迹。陵前白石坊高二丈余，已折断其一，断痕尚新，系最近所毁者，东西两配殿亦系新毁。

五裕陵， 即乾隆陵，掘陵者即在陵门前掘下，宽五六尺，现已堵塞，未便启视。据守陵人面称，于旧历五月十七日，有国民军第二营七、八两连兵士来驻正殿及配殿等处，将值官八旗等逼迁圈内，至十九日下午突闻炸裂声，守陵人不敢往视。二十五日夜间，该军与普陀峪所驻之军同时开去。其时途中有遇见各军士鞋底多染白灰者，其经过各地尚有灰迹可寻。及守殿人查视，见殿前琉璃影壁下掘有大孔，现已用砖石塞闭等语。其陵前明楼内墓砖前掘去地砖十余块，深一尺许。此外，所有殿宇及省牲所均经毁坏大半，闻多系旗民窃盗者所为者。

六裕妃陵，尚完好，惟殿阁毁坏不堪。

七定陵，即咸丰陵，陵上掘有一孔，深约尺许，宽三尺，陵下流水沟亦拆去一砖，似欲掘发而中止者。隆恩门三门已失其一，东西两庑仅存梁栋柱石，其门窗等项均拆去无余。隆恩殿中之四金柱亦剥落殆尽，其他各柱上之朱漆亦全剥落，尚有数柱亦被大斧砍去其半者，其殿顶天花板亦拆去多半。此外，省牲所已拆毁，仅存铜缸两件，缸之两耳亦拆去，据守陵人称，此陵在今年五月间尚完整，至六月始拆毁。

八定妃陵，尚完好，宫门正殿拆毁不堪。

九惠陵，即同治陵，陵门上掘去厚砖数方，而楼四周地砖亦掘起。隆恩门及隆恩殿以及东西朝房配殿等处之朱漆柱，每柱均被砍去三分之一，或其柱之半，而省牲所完全毁坏，仅存残柱数株，立于颓垣间。

十惠妃陵，即同治妃陵，系由陵前石阶下掘入。据守陵人云，似掘至内墓门即见水，便舍去，故现有阶级均系新砌者。隆恩门、隆恩殿均毁坏不堪，而配殿及朝房亦摧残殆尽，仅能辨视其遗址耳。

十一普祥峪定东陵，即孝贞东太后陵，门上石砖拆去数方，

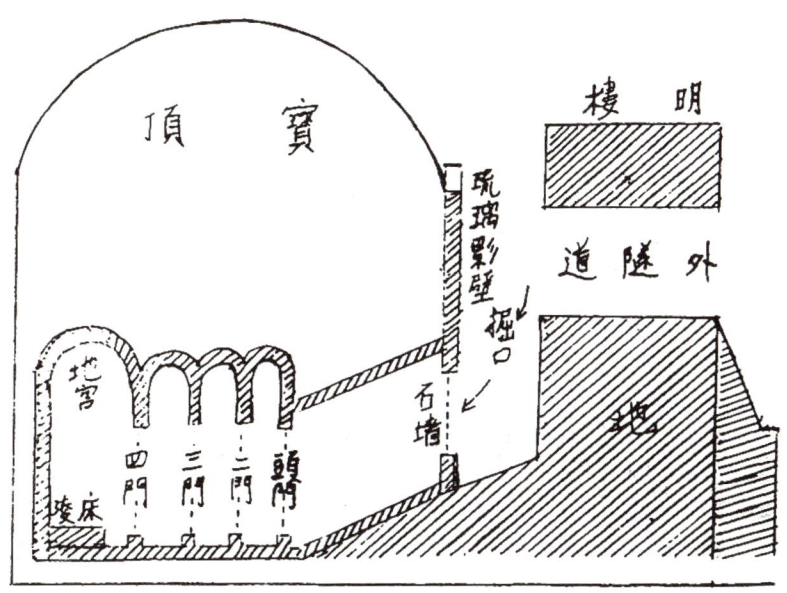

孙殿英盗陵后国民接收委员草画的裕陵地宫盗口

裕陵琉璃影壁下的盗口

尚未大毁，宫门之门扇亦均失去，顶花板亦拆毁无存。隆恩殿中四金柱之贴金及各柱之朱漆，均被剥去。惟殿前尚存铜缸二口，省牲所亦毁去三分之一二。

十二菩陀峪定东陵，即孝钦西太后陵，掘陵者即在陵门前掘入，掘口宽约五尺。据守陵人面称，于五月十七日午前，忽又自称国民革命军第八军团团长柴云升，师长谭温江所部之第七旅旅长韩大保第二营，带同工程营到陵。将守陵人撵开，谓将试放地雷，恐受危险，不许容住。至十八日下午，忽闻炸药爆发，声震山谷，四面放有步哨，禁止通行，守陵人不敢前往。至二十五日夜，该军开拔后，守陵人始赴陵查看，见地宫门下之巨石已翻起数方。细查一遍，始知该军系由地宫门下，用炸药将石门炸毁，蹿入隧道盗取宝物。二十四日夜孙殿英曾亲乘汽车来一次，当夜即返，大约系分配赃物者。此次两陵盗去宝物，为数约在万万元以上。事后复将砖石堆积掘口始去等语。继查陵前明楼四周砖石悉行掘起，零乱不堪。隆恩殿四壁皆由赤金贴成。正殿抱柱及东西配殿抱柱之镀金蟠龙计百数十条，均被拆去，无一存者，惟殿顶之金漆花板尚属完全。

十三景妃陵，尚完好。隆恩殿仅存殿屋前半偏，其余则毁坏殆尽。

十四双妃陵，均甚完好，殿宇宫门亦未毁坏。

当时的清东陵局面混乱，鱼目混珠，受到破坏的已经不仅仅是地下珍藏的财宝，地面建筑和一些其他的文物也开始遭到严重损坏。

宝熙《东陵于役日记》部分文稿

正是这些珍贵资料的真实记载，才使世人得以全面了解清东陵被盗掘后的真实情况，尤其是乾隆帝、慈禧两陵地宫状况的详尽披露，进一步揭露了孙殿英等匪人的野蛮凶残和国民政府当局的冷漠、黑暗及贪婪的本质。

在重殓被盗地宫尸骨时，清皇室"详查筹办东陵被盗善后事宜小组"的宝熙①写有《东陵于役日记》，其中对裕陵地宫重殓有着如下的记载：

（七月）十二日，余与雪斋均患腹疾，未至裕陵督察工作。撤水已近至尺余，徐七同三儿用板度到第四道石门，勘其水与

---

① 宝熙：爱新觉罗·宝熙，字瑞臣，又号沉庵，清宗室，正蓝旗人，光绪十八年（1892）进士，授编修，官至学部左侍郎。

外同。四道石门内，则一扇石门欹倒于地，金棺一，横置于其上。其中棺木纵横欹侧，凌乱不堪。因添夜工撤水，榕生及三儿均在明楼下直宿。

（七月）十三日，天大放晴。午前至裕陵，遂循三道石门以登四道石门之上。看其地水已无多，而棺椁堆积，湿泥满地，非清理一次不能检拾遗骨，因饬督工者赶紧设法。睹此惨状，悲愤填胸，归来阅

善后小组在裕陵地宫抽水

查勘各陵寝残毁情形清单。王营长（占元）来言又换防，旬余以来换防三次，其能尽保护缉捕之职责不甚难耶？入夜凉月，极清。三儿回，云地宫内有小泉涌出数处，姑用灰石填堵，未审终有济否。裕陵之事，可谓触手荆棘矣。

（七月）十四日，午前诣，裕陵地宫水已减至四寸，同人等遂由第四道石门大略查看一周。遗骨多在泥中，且多散失，难于分别，所约来检验骨殖之人，亦苦无所施其技。合殓一棺之说，大众从同，余亦何敢立异耶。又查裕陵及菩陀峪陵第一道石门内，左右列有石墩，以陈列香册香宝（刻木为之），地宫以内并无石墩石案，更无所谓金凫玉盌银海漆灯诸物，徒以宝城之名，遂误为藏宝之所，其实乃一无可欲者在，而亦遭赤眉温韬之祸何也？

（七月）十五日，晴。午前榕生在裕陵地宫内检得金簪金饰二事，交厚山谨藏之，殓时再请入。本日督工将第四道石门内所劈毁各棺木，堆置一处。午后于石床西边两棺板之间，发现后妃玉体一，幸未损伤脱失，即饬妇差四人，置黄绸木板于侧，陈缎褥于其上，徐由石床泥水中请起，安放于板，再以黄绸护之，缎被覆之，暂安于石床西北隅。敬审其面貌，颊多皱纹，齿未全脱，似五六十岁人。而皮骨俱存，丝毫未腐，笑容圆相，有如古佛，诚异事也。为后为妃未敢遽定。榕生于其旁检有绣凤明黄女朝靴一，用水濯之，颜色尚未霉败。孰知百三十年后乃为军匪毁伤暴露之，可哀已。薄暮访文化维持会会员徐森玉、常维钧一谈，二君以在马兰镇城门左侧所影照谭温江本年七月七日告示一纸相惠。本日于地宫内拾得工兵营所用铁尖锄一，又有人将镇上张贴本年六月间军长孙魁元七月七日旅长韩大保安民布告各一纸揭来，一并留存，以为证据。

（七月）十六日，裕陵地宫第四道石门右一扇为盗者炸伤，仆于地，而置梓宫于其上；左一扇则上下之枢轴均毁，门后金棺倚之，极危险。午前饬匠将右者平放于地，左者以大绳束之，而将所置之梓宫移于地宫西面，始稍足以回旋。幸将高宗元首及后妃颅骨全行觅得，其四体百骸，则十不存五。推原其故，由于军匪盗掘、争取葬物之时，以致遗骸毁伤脱落，其后继以本地土匪入内，践踏多次，又攫取泥中各物，承诸筐筥，出就河水滤之，故零星骨殖遗失尤多，竟无从检拾矣。假使任守护者闻变迅即报闻，则为日不多即有人前来收拾，当不致如此之奇惨，此守护者之大罪也。同人决定于未初刻先将昨所成殓者奉安。其金棺在居中梓宫之右。地宫空气太少，灯火时苦无光，执事人仍鱼贯以出，俟汽灯电灯，在外收拾多时，申正重行入内。居中梓宫已揩拭干净，同事诸人，敬将帝后妃五位遗骨亲自奉持，安放妥帖，殓以衾褥数重。荫公更以蒙颁，德宗遗念御用龙袍龙褂奉献，敬覆其上。此实暂安办法，事竣已戍初矣。处变之时，不能求全责备，伤心惨目，所不待言。

（七月）十七日，午前至裕陵地宫，看梓宫金棺上盖漆口贴金，将次工毕，遂命洒扫石床，掩闭三道石门。地宫泉水仍复上出不止，欲筹补救之法，舍用土填塞无他途，赴津日当向行幄缕陈之。裕陵帝、后、妃奉安位次，高宗居中，孝贤后居左，孝仪后居右，其石床西面，则首淑嘉，次慧贤，次哲悯三皇贵妃。

这份日记比较详细地记录了当时清理裕陵地宫的经过，不但帮助我们了解了裕陵地宫被盗后的惨状及重殓尸骨过程，还为后来的研究者提供了很重要的史料。

除此之外，驻守东陵办事处的秘书长郝省吾，也写有一份视察裕陵地宫的笔记：

八月三十日（阴历七月十六日），晨餐后，乡人王耀庭来，王系服务于陵差者。言裕陵地宫积水业已抽净，本日午后清室王公入内改殓后即行封闭云云。逖听之余，极深欣感。立跨黑卫，揽辔疾驰，沿五花岭捷径，山谷崎岖。正午抵孝陵（顺治）之五孔桥，此地曩日古柏成行，葱郁可爱；今则童山濯濯，一望无垠。进裕陵东厦口至碑楼前，丰碑高耸，上镌：高宗法天隆运至诚先觉体元立极敷文奋武孝慈神圣纯皇帝之陵。想见此十全老人之伟业，字分汉、满、蒙各书双列（按只满、汉两文，编者识）下趺赑屃，四角分镂鱼鳖虾蟹等物。过三座桥，至宫门小立，有卫兵司查出入。近瞻东西朝房，班房，窗棂均无，仅余壁柱。上盖闻客冬降匪、今岁韩军（韩大保）驻陵时，均作临时马厩，东西隅神厨库之砖瓦，亦有偷拆痕迹，石栏藻井，极目荒凉，为之怅然者久之。旋绕至飨殿后，经玉带桥（桥为三座，左桥汉白玉之栏杆已倒碎），入琉璃花门，西门楼上砖瓦，亦拆毁不堪，一遇霪雨，势将倒圮。又入二朱门，则为五供之台陛，雕刻之瓶花烛花，因属端石，亦被偷盗，惟鼎花重量较巨，不便移携，尚巍然独存（每遇谒陵祀享大典清帝在此陛后行礼）。步御沟（上铺石板）拾级登明楼之前阶，方广约十丈。入明楼下古洞门，长约四丈。复遇前日会晤之徐君榕生与和君子英，在此指导匠人工作，握手略谈，倍承优遇。而徐君口讲指画，不遑停歇，一种辛劳耐苦，实事求是之状，尤足敬佩。古洞门之中间，新搭人字式席棚一架，内铺被褥，大约为守卫士卒及工匠等临时寝息之所。旁置巨袱数裹，系黄绫绣花被褥六床，黄绸束裹之如意板六副（为异尸身入棺之具），绣龙绵袍褂两件（系清德宗赐给载泽以为纪念者，今因裕陵被掘，泽公由平带来以之改殓高宗）。另一包为地宫内检出箱箧上之铜饰件及零碎杂物并炭球香屑漆布等类。明楼后为哑巴院，面积甚阔。对面即琉璃花影壁，下为隧道，上即宝顶。匪人挖掘时，即循影壁下埋置炸药轰陷丈余之深坑，北面露出隧道，清室命名为古洞圈，长约六丈，高约五尺。当时曾用碎砖砌实，此番为匪人掘通。在下则为明堂圈，余拟独入，子英止之曰：地宫内第四道石门及上门槛均已炸坏，尚有半面倒悬未落，出入极有危险，刻正著工匠启卸，以便王公入内视殓等语。延候久之，伟庭来，携余冒险入，伟执电筒，过隧道下石级，睹第一重门，石门凡四重，进第一重内，纵约二丈，横六丈余。二门内阔径如前，东西壁下各设石座三方，为安放册宝之处。正睇视间，忽惊闻砰訇一声，震若雷霆，系第四重石门西门上半面为工匠堑开放倒也。门楣门栏，亦均炸坏，门上刻佛截然为两，倒置一隅，至是始达高宗玉骸永远寝息之石室。内有二人共荷之水月电灯一具，以空气薄弱之故，光线仍微。室较慈禧地宫为阔，内贮六棺：正面三棺，中为高宗，外椁已坏，内棺尚完好，骸骨脱离弗能辨认，殓衣均霉烂失色，入手成泥；左为孝贤纯皇后，朱棺尚好，仅余骨块（后为公爵傅恒之女，傅殉节于准噶尔之役）；右为孝懿纯皇后，朱棺亦存；其余系惠敏、淑嘉、哲敏三贵妃（编者按：此述各棺位次，盖追昔日原状，现在查勘情形，棺位已错乱矣）。西隅一棺，外椁尚在，椁前朽漏一孔。东隅二棺，棺椁均坏，骸骨不全，且无头颅，后于朽物堆中，详密搜觅，始得髑髅二具，不审孰为某妃也。惟一妃尸体尚具，皮肤既存，鼻目均好，耳际且钳耳环（约豆粒大），足御绣花靴，底高寸许，与其他五尸，仅余骨块者回别。不审百数十年同葬一室之中，何以奇异若此，此则须待生理学家之判评，殊有研究之价值。内中仅闻淑嘉（应为慧贤皇贵妃。——笔者）系高文定公斌之女，其二妃尚须考证。棺下为石床，系一巨石（距地板约八寸），每棺另刻卡棺石四块。

地板上尚有积水，行走滑迭，履为湿透，且冷气袭人，遂辞而出。复循盘道登明楼，蓬蒿蔽径，瓦砾成堆。楼之中间碑前，方砖启挖数块，楼后门北石阶下，亦掘一坑，传匪人闻其中藏置硃砂拜匣，因乾隆朝朱砂颇为宝贵，故极力搜觅云。宝顶上曩有二尺圆径松树数株，现仅留尺许之根株。凭眺之间，遥望清室诸公，自琉璃门而入，余亦绕下，同至古洞门小憩。见差人搬运殓具入内，复有旗妇八名，手裹临时以黄布缝纫之手套，鱼贯而下。盖以之检验后妃尸骸，免亵渎而示肃恪敬之意。五点公同进内，重新棺殓。除高宗覆以龙袍，尚具衣冠外，其余后妃，均以黄被束裹而已。余以人重杂逻，秽浊难闻，且日近黄昏，饥肠辘辘，不俟蒇事，偕耀辞出。

通过郝省吾笔记获知，裕陵宝顶上"二尺圆径松树数株，现仅留尺许之根株"，这说明裕陵宝顶上在清朝时就有松树生长。以往，人们对孝陵、孝东陵、景陵、泰陵、泰东陵、昌陵等宝顶上有松树的解释为：清朝灭亡后，由于失于管理，宝顶上才生长这些树木。当时笔者就质疑这种说法，并提出反问："那为什么在裕陵之后的定陵、惠陵、崇陵等宝顶上，不生长树木呢？"笔者认为，在清朝，裕陵和昌陵之前的帝后陵宝顶上，由于人为或自然原因，宝顶上就一直有树木的生长。

在裕陵地宫尸骨重殓之后的第二天，地宫的第一道石门、第二道石门及第三道石门也被关闭，并开始填砌隧道，第三天才填砌完成，最后封闭地宫的盗口。完成这些工作，共用了八千斤石灰。

然而，令人想不到的是，这次重殓裕陵地宫之后，裕陵地宫再次被盗，地宫金券内的棺椁也遭到了再次破坏。至于何时被盗，盗墓者是何人，以及被盗的次数，现在却是一无所知，没有留下任何文字记载。而发现再次被盗，已是1975年7月。

《良友画报》刊登的裕陵哑巴院正在填盗墓入口

发现一具女尸

清皇室的人员在重殓裕陵时,在地宫棺床西边的两棺之间发现了一具未腐烂的女尸,她身穿黄色龙袍,皮肉完好无损,丝毫没有腐烂。脚上所穿的绣凤黄靴,一只脱落,一只仍穿在脚上。两腮和嘴下略有皱纹,牙齿没有完全脱落,一只耳朵上还保留着一只耳环,年龄在五十岁左右。面目如生,笑容可掬,犹如一尊古佛。裕陵地宫里共葬了五个女人,这个女人是哪一位呢?

清宫档案记载,裕陵地宫葬有两位皇后、三位皇贵妃,分别是孝贤纯皇后、孝仪纯皇后、慧贤皇贵妃、哲悯皇贵妃和淑嘉皇贵妃。孝贤纯皇后死于乾隆十三年(1748),卒年三十七岁,其棺椁在棺床东边。据分析,这具女尸不是孝贤纯皇后,其理由是:一来年龄不符,二来盗匪也不会将孝贤纯皇后尸体隔着乾隆帝棺椁从东边抬到西边,放在两棺之间。因此,此尸不会

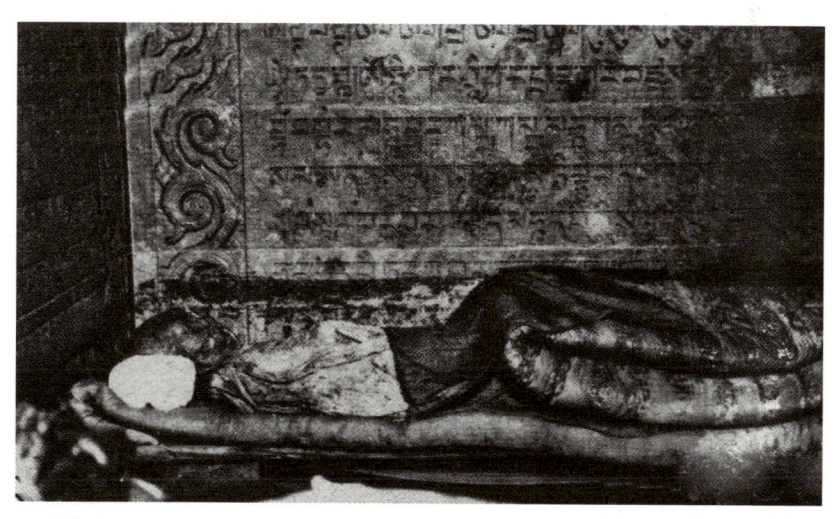

未腐烂的孝仪纯皇后遗体

是孝贤纯皇后。又史载,慧贤皇贵妃死于乾隆十年(1745),卒年为三十岁左右;哲悯皇贵妃早年入侍弘历潜邸,弘历即位前病逝,卒年二十岁左右。此二人的年龄与女尸均不相符。而淑嘉皇贵妃死于乾隆二十年(1755),卒年约四十三岁,其棺椁在西侧垂手棺床上,其年龄和棺位与女尸也有差异。孝仪纯皇后是嘉庆帝的生母,死于乾隆四十年(1775),卒年四十九岁,是裕陵地宫中五个女人中去世时年龄最大的,与女尸年龄最接近。孝仪纯皇后位于正面棺床西边第二位,乾隆帝棺椁西侧。盗匪从棺中往外抬她的尸体时,自然会顺手放在西侧两棺之间。而女尸正是在这两棺之间发现的。以此推断,此女尸为孝仪纯皇后当确凿无疑。

在裕陵地宫中共有六具棺椁,其中五具是女尸。同为女尸,同在一座地宫中,为什么那四具女尸都腐烂了而唯独孝仪皇后的尸体面目如生?

据《皇朝文典》记载,孝仪纯皇后因生病,死前吃不下任何食物。既然无法饮食,肚内必然就空空的没有任何食物,细菌也就没法生存和繁殖,尸体就相当于被掏空内脏的法老尸体。这样的尸体再放入棺椁后,棺椁又再次油漆修饰了数十遍,这等于是给其棺椁做了密封处理,隔离了空气,因此尸身也就无法腐朽。

当1977年修复裕陵地宫棺椁时,发现该女尸已腐烂成一堆骨头了。这是因为在1928年8月孙殿英盗陵时,这具女尸不仅接触了混浊的潮湿空气,还曾在臭水里浸泡过一段时间,于是尸身上已经携带了大量的腐蚀细菌,因此当再次将尸身放在棺椁内,棺椁已经不密封了，尸身便会慢慢地被繁殖的细菌侵吞腐蚀。

以上就是1928年裕陵地宫发现的未腐烂女尸之谜以及这具女尸后来又腐烂的原因。

神奇的乾隆帝头颅骨

裕陵地宫里除了那具完整女尸外，应该有五个头颅骨，可是重殓人员连找了两天，却只找到了四个头颅骨，另一个怎么也找不到，当时可急坏了这些人。最后，他们在靠压在门下面的棺椁里找到了那个头颅骨。经从北平特请的尸骨检验吏俞源辨认，为男性。裕陵地宫里只有一个人是男的，那自然就是乾隆帝的头颅骨了。

重殓人员在取出乾隆帝的头颅骨时发现，乾隆帝的头颅骨与众不同，非常奇异。一是他长了三十六颗牙齿。一般人为二十八颗，最多是三十二颗，长三十六颗牙是极为罕见的。二是乾隆帝的两个眼眶内有螺旋纹，拿着灯一看，似有白光从眼眶中射出。最初只有耆龄发现了这个奇异的现象，他将这件事告诉了陈毅。陈毅一看，果然不假。眼眶内晶光、牙齿长了三十六颗，实在神奇得很。

乾隆帝弘历生于康熙

乾隆帝像

五十年（1711）八月十三日，是雍正帝第四子，卒于嘉庆四年（1799）正月初三日，是清朝入关后的第四位皇帝。雍正元年（1723），弘历被秘密立为太子，雍正十一年（1733）被封为和硕宝亲王，开始参与军国要务。雍正十三年（1735），雍正帝去世，弘历即位，改年号"乾隆"。由此，乾隆帝站到了当时中国封建社会的至高点，开始施展其"文治武功"。乾隆帝在位六十年，退位后又当了三年太上皇，终年八十九岁。他生前经历了康熙、雍正、乾隆、嘉庆四朝，享受了五代同堂的天伦之乐，因此他自称为"古稀天子"，是中国封建帝王中最长寿的皇帝。乾隆帝为什么能如此长寿呢？

据史料记载，乾隆帝当皇子时，最敬仰的人是他的祖父康熙帝，而康熙帝在养生方面有独特方法。他把养生之道分为养身和养心（或称"养神""养性"）两方面。养身是指节饮食、慎起居、戒烟、戒酒、戒贪得、适当活动、勤身力行、重节敛、生活淡泊。养心是指注重文艺、道德、思想、品性等精神生活。对于养身，康熙帝的精辟见解为："节饮食，慎起居，实却病之良方。"当他的身体微有不豫，即当节减饮食，并视其病由，从容调理，量进饮食，使血气增长。康熙帝曾说："世人皆好逸而恶劳，朕心则谓'人恒劳而知逸，若安于逸，则不惟不知逸，而遇劳即不能堪矣'。"对于养心，康熙帝所涉及的内容极其丰富，立意高尚，琴棋书画，酷爱手工艺品，这对于后世的乾隆帝有着深刻的影响，以致后来乾隆帝先后二十六次到康熙帝景陵拜谒，留下了大量缅怀祖父的诗篇，表达了自己对祖父康熙帝的终身怀念和孺慕。

乾隆帝根据自己的切身体会，对祖父康熙帝长寿的经验加以改进，从而总结出一套自己的养生之道和"吐纳肺腑，活动筋骨，十常四勿,适时进补"十六字的养生真言。"吐纳肺腑,活动筋骨"是指经常做一些深呼吸,做一些有益的大强度身体锻炼。其中"十常"为:齿常叩,津常咽,耳常弹,鼻常揉,睛常转,面常搓,足常摩,腹常运,肢常伸,肛常提。这与不少现代人所做的皮肤护理、按摩保健具有同等道理。"四勿"为:食勿言,卧勿语,饮勿醉,色勿迷。"适时进补"即是根据时令、身体的细微变化添减补品。以药膳为主,其中常用的有:山药鸭羹、烘鹿肉、鹿尾烧鹿肉、鹿肉丸子炖豆腐、鹿筋拆肉、八宝鸭子、八珍糕等。乾隆帝还效法祖父康熙帝,从不吸烟,饮酒从不过量。

另外,结合乾隆朝时期的历史档案不难看出,以下几方面在实际中对于乾隆帝的长寿也起到了更积极的作用。

一是遵守"家法",善于骑射,活动筋骨。乾隆帝的祖父康熙帝把骑射定为祖宗家法,教诲皇家子弟要"习骑射,勿恃贵纵恣"。乾隆帝自幼善骑、善射,箭术、马术均精,在避暑山庄皇家射箭比赛中,曾多次大显身手。当了皇帝后,更以骑射为乐,直到他八十岁高龄时,还到木兰围场狩猎。骑马射箭,活动量大,这对深居宫廷的皇帝来说,无疑是锻炼身体、增强体质、预防疾病的一个好方法。

二是外出巡视是最好的"旅游"。乾隆帝曾六下江南、三上五台山,游览了全国主要名山大川、古刹佛寺。涉足野外,步入宽阔幽静之地,欣赏自然美景,呼吸新鲜空气,心旷神怡,既锻炼了身体,又陶冶了情操,为健康长寿增添了活力。

三是琴棋书画,多才多艺,爱好广泛。乾隆帝一生通晓满、汉、蒙、藏、维吉安多(四川西部的藏语方言)五种语言文字。

著有大量文赋、诗文，思路敏捷，才华横溢，琴棋书画无所不通。并且喜欢听戏、观灯、看杂技、滑冰等。这些文艺活动对他的修身养性、健康长寿都大有裨益。

四是生活起居、饮食有规律。对于皇帝来说，做到这一点极为不易。然而乾隆帝做到了。乾隆帝长年累月坚持早上六点左右起床，洗漱后用膳。他早餐后，处理政务，然后与大臣议事，午后游览。晚饭后，看书习字，作文赋诗，然后就寝，生活非常有规律。他还有许多健身之道、强体之法。乾隆帝喜欢喝茶，对饮用水（御用西山玉泉水）十分讲究。食不过饱、饮酒不醉、从不吸烟，适时进补等。饮食多以新鲜蔬菜为主，肉类、野味少而食之，并且从不过饱。乾隆帝的许多做法与我们现在的养生之道是相吻合的。

五是根据经史学专家对于乾隆帝身世的考证，乾隆帝除了后天保健得法外，先天禀赋——遗传基因也好，他的遗传基因得自他的母亲孝圣宪皇后，其母活到八十六岁才崩逝。

由于乾隆帝养生有法，年近九十岁还神志清醒，活动自如。乾隆五十八年（1793）英国特使参加乾隆帝八十三岁生日寿宴时，他对乾隆帝的印象是"动作敏捷，风度翩翩，脸上没有一点老年的痕迹，总是笑眯眯的，看上去不超过六十岁"。

不难看出，乾隆帝的养生之道的确十分成功。但这些依然不能完全解除人们心中的疑惑，作为历史上最风流的皇帝，为何就轻易成为中国历史上二百三十多个皇帝中最为长寿的皇帝呢？虽然乾隆帝非常敬仰的祖父康熙帝也很会养生，但康熙帝只活到六十九岁，而乾隆帝比康熙帝多活了二十年。在封建社会能够活到八十九岁的人非常少见，普通人若风流成性会对身

《慈宁燕喜图》局部（乾隆帝捧觞为其母祝寿）

体有很大的伤害，而作为历史上最为风流的皇帝，一个可以拥有无数妃嫔的皇帝，乾隆帝却能做到"色勿迷"，整天逍遥在女人的世界里而对他的身体没有伤害，好色但不贪色，可能也有益于乾隆帝的健康。对于这些，历史学家显然还没有找到更确实的证据。目前对此的解释只能说，性生活的和谐、性伴侣的众多在一定程度上更能促进男人精血的充沛；开朗的心情和精美的饮食，也许能延长人的寿命。这一切只能希望医学专家和基因专家能对乾隆帝尸骨进行DNA鉴定，从医学角度上找到一些科学证据。

那么，也许有人会问：乾隆帝长了三十六颗牙齿是否与他的高寿有关系呢？

据笔者一位当牙科医生的朋友李宏杰先生介绍，乾隆帝比常人多了四颗牙是一种疾病。他认为：人类正常牙数目应为二十八颗到三十二颗，依照牙齿的形态和功能分为：切牙，它位于口腔前部，上下左右共有八颗；尖牙，它位于口角处，上下左右共有四颗；前磨牙，它位于尖牙之后磨牙之前，上下左右共有八颗；磨牙，它位于前磨牙之后，上下左右共有十二颗，加起来共计三十二颗。但也有人第三磨牙（俗称"智齿"）先天缺失。

乾隆皇帝比常人多长了四颗牙齿，口腔学把正常牙数目之外多生的牙叫作"额外牙"或"多生牙"，是牙齿发育异常，属于牙体硬组织非龋性疾病。牙体硬组织非龋性疾病是指发生在牙体硬组织上的非因龋蚀造成的牙体硬组织色、形、质的改变，包括牙发育异常和牙体损伤两组疾病。额外牙可发生在牙列的任何部位，以上颌中切牙之间最多见。由于人类的上下颌骨没有容纳额外牙的位置，故可导致牙列排列不齐，影响美观。

口腔内长三十六颗牙齿的人是不多的，但也是存在的，神农架的"猴娃"就长有三十六颗牙齿，在临床上也曾发现过这样的病人。那么是什么原因使他们能长三十六颗牙齿呢？据遗传学上的说法，这个人可能保留了先祖的一些特点。通俗来讲可能是没有进化好。当然在人的遗传上有显性遗传和隐性遗传，这一代没有上辈的特征，可能会在他的下一代中出现。

按照李宏杰先生的说法，乾隆帝的多齿及高寿可能与遗传有关系。

几件值得一提的小事

清皇室人员重殓裕陵地宫尸骨时发现，裕陵地宫的六具棺椁有五具棺椁的外椁都被砍坏，其中包括乾隆帝的棺椁。乾隆帝的棺椁是在被炸坏的石门下压着的，其椁盖被移开一半，其内棺棺盖被砍开一个大洞。

当时，清皇室善后人员在裕陵地宫修缮了三具棺椁，这三具棺椁的情况和位置是这样的：乾隆帝棺椁摆放在棺床正中的棺位上，里面装殓着乾隆帝、孝贤纯皇后、慧贤皇贵妃、哲悯皇贵妃、淑嘉皇贵妃五人遗骨；乾隆帝棺椁之右一（西一）即原本的孝仪纯皇后棺椁的位置，依旧摆放一具棺椁，棺椁内装殓着未腐烂的孝仪纯皇后遗体；乾隆帝棺椁之左一（东一）即原本的孝贤纯皇后棺椁的位置，摆放一具棺椁，里面装殓着被盗之后残留的"衾襚等物"。并且所有棺椁都需要重新漆饰贴金。

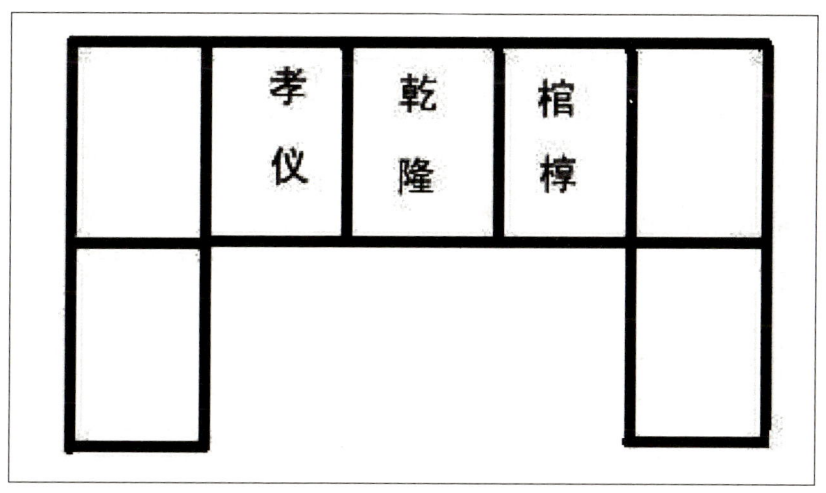

重殓裕陵地宫后棺椁摆放位置示意图

当清皇室重殓人员在地宫里将六个人的头颅骨找齐后，接着又出现了一个难题，即哪些骨头是皇后的，哪些是皇贵妃的，不能辨认。唯有乾隆帝的骨头还能识别，因为乾隆帝的身体魁梧高大，他的骨头也比别人的粗大。更为独特的是，他的骨头皆为紫黑色，股骨和脊骨上还带着皮肉。

如何重殓这一帝二后三皇贵妃的遗骨，在清皇室"详查筹办东陵被盗善后事宜小组"人员之间发生了严重的分歧。载泽、溥忻、宝熙主张一人一棺，分棺而殓；耆龄、陈毅主张合棺而殓；溥侗主张回天津去请示溥仪。陈毅认为回津请旨的方法不妥。他说：一旦皇上也拿不出好的方法，还不是仍然让我们出主意吗？我们宁可犯错误，也不能把责任推给皇上。载泽、耆龄等人都同意陈毅的看法。耆龄始终主张合棺而殓，他说葬在同一地宫，是谓"同穴"。既然能够同穴，为什么不可以同棺？这时载泽、溥忻也只得默认了。于是决定合棺而殓，并使用原来的棺椁。因外椁已被破坏了，实在不能再用，只得使用内棺。将乾隆帝的内棺安放在原来正面棺床的正中位置。在棺内铺了五层黄龙绫缎褥，先将乾隆帝的遗骨放在中间，其他四位后妃的遗骨分别摆放在乾隆帝遗骨的两侧。然后在上面盖了三层黄龙缎被。载泽又将当年得到的光绪帝的两件遗念，即一件龙袍、一件衮服盖在被上。又将那具完整女尸殓入乾隆帝棺西侧的棺中。将地宫内那些糟烂的被褥等丝织物装入东侧的棺中，盖上棺盖。载泽、耆龄、宝熙、陈毅等人退出。由徐榕生、志林督率工役封漆棺口，放平石门，堆放残破的棺椁木片。第二天掩闭石门、填砌隧道。联想起"武功十全"的乾隆大帝，联想起他精美绝伦、举世罕见的地宫，如今竟落得如此下场，留给后人的除了悲哀，就只是遗恨了。

在参加东陵重殓的人员中，耆龄、宝熙、陈毅、徐榕生（也叫"徐埴"）都对这件事做了详细的笔记。这为我们今天了解东陵大盗案，留下了珍贵的第一手资料。他们的日记各有千秋，但论详细以徐榕生的日记为最。在这些日记中有以下七件小事值得我们注意：

第一件是徐榕生在日记中，特别强调了在东陵大盗案发生后，社会上流传的盗陵匪兵因争抢慈禧陵地宫珍宝发生自相残杀、曾死两个人、尸体留在地宫内的传闻，纯属子虚乌有。

第二件是裕陵地宫内的积水，不是来自地面上的渗水，而是来自地下泉水。前面已引用了他日记中的这方面的内容。

第三件是徐榕生尽管在裕陵地宫里只待了几天，但他已敏感地觉察到了裕陵地宫方向与裕陵地面建筑的方向不一致。他在日记中是这样说的："裕陵地宫内山向与外间明楼、隆恩殿方向不同，盖内渐转偏西也。"

第四件是农历七月，淫雨连绵的季节已过，但裕陵地宫里的积水仍有四尺多深。徐榕生曾乘着笘箩进入地宫探视。地宫的积水是他们借用马兰峪的孝陵礼部金银器皿库的抽水机抽出的。

第五件是徐榕生的日记清楚地告诉我们：今天我们看到的慈禧的带"佛"字的龙袍曾被匪兵盗出地宫，后又被弃在陵外，被当地村民拾得。

第六件是这次重殓裕陵遗骸，为了堵住地宫内泉水，他们中曾有人建议用黄土将地宫中的金券完全填实。因此事关系重大，未敢擅行。这一建议，不知是否对清朝某些王爷园寝地宫内全被黄土填实的现象有所启发呢？

第七件是重殓裕陵地宫尸骨完毕后,填砌隧道及封闭地宫的盗口,共用了八千斤石灰。但根据后来重新开启裕陵地宫情形看,好像没有用这么多石灰。

第六章
国民政府的处理

面对清皇室的哭诉和民众的指责，国民政府不得不在舆论的压力中成立一个机构来处理这个事件，而最终的结果却是无止的等待和永远的沉默。东陵珍宝则通过种种途径流失殆尽，落入不同身份的达官贵人手中，东陵大盗案就这样不明不白地了结了。

明争暗斗的较量

1928年8月16日的《新晨报》曾有过这样一则报道：

东陵盗墓一事颇为中外人士所注目，昨特分向关系方面详为探询。据朱绶光云：本案发生后，该司令部即令商总指挥、张警备司令负责侦查，旋因真相不明，又派部员哈汉仪赴东陵调查，尚未得复。至清室人员载泽、载瀛等每次来访，余必亲为接洽，所陈意见亦尽情采纳，前日清室遗族要派专员前往调查，本部并派兵保护。昨日，清室致余一函，谓本部办理此案可算仁至义尽、感激不尽等语。外传余拒见清遗族代表及不接受其意,绝对无稽;又据徐源泉云,盗陵为一事,交替为一事,敝部前请转押谭温江系为交替便利,绝非庇护。如果谭温江有盗陵行为,当然移交法庭办理,惟须各方调查专员回平报告后方能决定。余此时已将该员严加管押,饬令负责交替。惟按之时日,此中情形极为复杂,假使调查明确后,谭温江盗墓有据,不待地方法办,余为整饬军纪计,亦难姑容。

又北平地方法院昨日亦派首席检察官何某赴卫戍司令部接洽参加检查。卫戍司令阎锡山并于十三日晚电平,嘱朱绶光急速电京,请派大员组织特别会审,是此事日内当可水落石出。兹将阎电及徐源泉致北平警备司令部两函一并分志如次:

阎锡山寒电　南京国民政府中央执行委员会军事委员会钧鉴:窃本月十二日北平警备司令部拿获盗犯谭温江、黄百川两名。当据第六军团总指挥徐源泉函称:谭温江系第六军团第五师师长,愿负随传随到全责。当以徐部点验甫毕,深虞前线发生误会,姑准转押该总指挥部随时听传。仅将黄百川解部审讯,据供有谭荣九即谭温江之弟卖珍珠与廊坊头条义文斋,由伊与王振波介绍,前后三次得价约六千元等语。查此案系文物临时维持会告发,乾隆陵及慈禧普陀峪陵皆被发掘,当发掘时附近戒严半月,事后由谭温江将一部分珠玉宝器等物运来北平,价值在十万元左右。并据各报纸登载,陵墓建筑坚固,系用猛烈炸药轰毁。又国民革命军总司令部行营及全国商会联合会并清室载泽、载瀛、溥侗、溥忻、宝熙、遗老陈宝琛等文电交驰,同请严究前来。除饬将人证、赃证严密查拿,并派员前往东陵勘查情况据实陈报外(按:该句下疑有脱落文字),查谭温江现任高级军官，于所辖军队经过地方担任剿匪区域内发生盗墓情事，嫌疑重大，中外瞩目，拟请选派大员，组织高等军法会审或特别庭依法审判，庶足以昭示天下。是否有当，伏乞示遵。平津卫戍司令阎锡山（寒）朱绶光代。

徐源泉公函　（一）敬启者，兹有敝部第十二军谭温江师长于本日敝部点验完毕后来平公干，在清华池洗澡，忽被贵部员役带去。查该师长前方职务重要，即请查照开释，暂交敝部驻平办事处长罗荣衮保出，如其中果有特别案情，情愿负随传随到完全责任。兹派办事处长罗荣衮晋谒台阶，请赐接洽，为荷。此致北平警备司令部张。

（二）敬启者　查敝部第十二军谭温江师长于本月三日来平公干，在清华池洗澡，忽被贵部员役带去。当派敝部驻平办事处长罗荣衮前往保出，听候随传随到在案。惟谭师长带去，事前莫明真相，嗣后阅报始知为盗掘东陵一案，受有牵扯。如果如报所云，系属刑事问题，法律自有解决。究竟此案系何人举发，如何告诉，敝部极愿闻其真相，祈将全案饬抄赐给，或准由敝部派员往抄，统希裁夺，为荷。此致北平警备司令部。

中华通讯社云：天津法租界天祥市场美丰金店，现声明买到盗陵案内珍珠十余粒，已交法租界官厅，请转交中国当局，但愿得回原价二千二百元，余利不图云云。闻此外尚有某某金店、玉商亦均买到此项珍宝，官厅正在侦查中。

正当逊清皇室遗老与国民政府当局你来我往进行电报混战时，北平、天津、河北、山东等地又纷纷传出查获东陵珠宝和案犯落网的消息。其中有巴建功、杨振国、杨振国之妻杨赵氏等数名嫌疑犯。

8月18日,《新晨报》对天津海关查获东陵珠宝一事进行了报道:

> 津海关破获大宗东陵珍宝已志昨报,兹据津讯,该项珍宝运津之先,津埠警备司令部军法处已接有密报,派员秘密侦察。及至十四日下午,确知货已运津,遂由孙处长嘉礽派该处主任曾厚载偕同副官王振泰,会同津海关监督公署科长胡永和、译员龚锡纯,下午四时前往海关详查。结果查获古物三十五箱,内有大明黑漆长桌一件,金漆柜门四扇,及瓦麒麟、瓦佛像、瓦猎人、瓦魁星暨描龙彩油漆器、陶器与高约三四尺之烛台等件,一望而知为新出土者,亦有与普通古玩相似者。并悉此项物品系由北平吉贞宦古玩铺长张月岩委托运输公司由北平运津,预备出口运往法国,所报价值为二万二千余元,报税三千元。曾主任以报运人张月岩并未在场,无人证明货物来源,且此事发生于东陵盗案之后,问题性质至为重大。遂一面要求海关进行扣留,一面陈报孙处长,请示办法。孙处长据报,即请警备司令部函请北平公安局向吉贞宦古玩铺调查该货来源,从速函复,以便处置。同时并致函津海关监督公署,请将该项物品扣留。据某方观察,官厅方面调查货物来源,纯系手续问题,实则此项物品确为东陵珍宝,毫无疑义,其价值亦远在二万二千元以上,吉贞宦铺长张月岩所报价额自系不实,而此案如何结束,尤可注目云。
>
> 又讯:官方消息:东陵盗墓案,日来在审讯中,义文斋掌

柜已允将收买各项珍宝交出。代理平津卫戍总司令朱绶光决定俟将物品交出后,即转交北平总商会会长及玉器邦、首饰邦会同保留,庶将来高等军法会审成立时便于鉴定。惟据关系方面所传,此事将来须分两起办理,因掘墓、盗宝确有先后不同。

又闻谭温江曾函某当局,谭荣九非彼之弟,姑志之,以待证实。

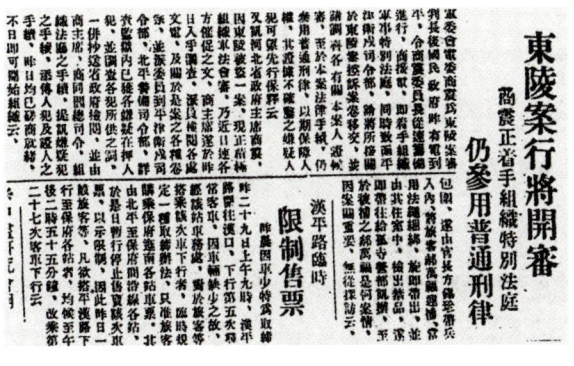
军法会成立后的报道

河北省主席商震像

随着案情的不断扩大,逊清皇室的步步紧逼,社会各界的强烈呼声,舆论媒体的推波助澜,阎锡山不得不正式着手筹备军法会审了。

11月29日,陆军高等军法会成立。按照民国四年(1915)三月二十五日公布的《陆军审判条例》的规定:军法会设立审判长一人、审判官四人、法官二人。因为是高等军法会,且案情重大,所以审判长必须具备上将身份,审判官需要具备中将身份,法官则要有少将的身份。最后确定东陵盗案军法会审判长为河北省政府主席商震,审判官为第一集团军的阮肇昌、第二集团军的邱山宁、第三集团军的李竟容、第四集团军的周学海。会审人员于11月29日在河北省政府中山堂宣誓就职。礼毕即举行会议,由商震报告东陵发掘情形及现有人犯,再由卫戍司令部军法科长周仲曾报告东陵案赃物保管情形及调查预审之经过,并决定电催天津、山东、宝坻各处破获陵案要犯从速押解到北平候审。至下午三点才散会。会后,商震发出通电三则,一致卫戍司令,一致军政部,一致国民政府,电文相同。电文中说:

> 南京国民政府各院部政治会议、各政治分会、各集团总司令钧鉴,各级政府、各级师旅长钧鉴:窃查盗窃清陵一案,奉前军事委员会电令组织高等军法会审,先后派商震为审判长,第一集团阮肇昌、第二集团邱山宁、第三集团李竟容、第四集团吴中桂为审判官。嗣准第四集团电开,吴中桂因公赴湘,改派周学海代理,兹已到平。遵于十一月二十九日成立陆军高等军法会审,并委北平卫戍司令部军法科长周仲曾、河北剿匪司令部军法处长张桂为军法官,均于即日就职。

东陵案高等军法会审的成立,无疑是对逊清皇室和社会各界的最大鼓舞,是众盼已久的事情。对孙殿英及其爪牙和徐源泉却是最大打击,他们坐立不宁、寝食难安,尤其是第六军团总指挥徐源泉,见到谭温江重新被押回陆军监狱,更是恐慌万分。惊恐之余,他暗暗庆幸自己早就留了一手。在军法会审成

孙殿英的上司徐源泉像

立以前，他在给平津卫戍司令部的函件中是这样措辞的："盗陵为一事，交替为一事，敝部前请转押谭温江系为交替便利，绝非庇护。如果谭温江有盗陵行为，当然移交法庭办理，假使调查明确后，谭温江盗墓有据，不待地方法办，余为整饬军纪计，亦难姑容。"原来，9月27日，徐源泉派人把谭温江交到六军团北平办事处的同时，把号称在东陵剿匪所得珍宝也一并送交到了北平卫戍司令部。

这些珍宝价值百万，共十一包：

一号包：金丝镯三对，嵌珠子六颗，宝石二十块，计重三两三钱。

二号包：汉玉四块，汉玉环两个，玉石一块，小宝石一块，黄珠子两颗，计重四两二钱。

三号包：汉玉镯三只，汉玉小环两对，汉玉荷包两个，计重六两九钱。

四号包：金珠镯子两对，镶大小宝石二十六颗，镶大小珠子十颗。珠花两对，镶宝石六块，小珠无数，计重七两七钱。

五号包：金镯一对，凤藤镯一对，翡翠四块，宝石花一块，小宝石二块，计重三两五钱。

六号包：金镯一对，镶珠子十颗，小宝石十七块，又宝石一串，计重十一两二钱。

七号包：鼻烟壶五个，白玉牌一个，计重七两六钱。

八号包：金珠宝石镯子四只，计重五两三钱。

九号包：金珠宝石镯子四只，镶珠子十二颗，宝石十一块，翡翠八块，计重三两四钱。

十号包：大小珠子一包，计重二两。

十一号包：杂件一包，计重二两。

尽管如此，徐源泉心里还是不踏实。原来早在8月10日，一生靠行贿拍马混世的孙殿英见事情不大妙，又给他的上司徐源泉送去厚礼及报告一份，在报告中除了再次说明剿匪之外，还附带了一份剿匪所得珠宝清单：鼻烟壶大小式共五个，赤金全珠镯一副，珠十颗，八宝镯一副，大小杂珠二十颗，双珠镯一副，大小珠花四对，翡翠红碧玺双玉连环穗一串，赤金镯三副，珠翠蓝红宝石十八个，赤金八宝镯一副，大小宝石十五件，珊瑚十八件，翡翠各种宝石十五件，又宝石两个，玉镯三只，玉牌两块，玉环两个，钻石一包二十九件，小珠一包共三百一十七颗，长乐永康珠镯一副，小珠一包，玉石牌一个，残破珊瑚一副，断玉簪一根，共二十七件。

媒体对马福田盗陵的报道

老奸巨猾的徐源泉，见到这份清单时，满心想据为己有，但思前想后，觉得还是交出去为好。常言道"贼不落空，雁过拔毛"，徐源泉还是在偷偷留下了几件东西之后才把剩余的珠宝交到平津卫戍司令部。

既然人证、物证已齐全，社会各界和逊清皇室纷纷要求军法会审从快从严处理此案，并请准予列席旁听。审判长商震痛快应允，并透露出对于东陵案将分三步进行审理：第一步调查人证，第二步审问，第三步公判。还通知东陵案会审处致函天津警备司令傅作义，请将古玩商李济川、姚柯泉，盗卖犯戴明德，并赃款两千余元，迅速解平，以资审讯。又函致青岛，将所获盗犯张歧厚及赃物急速押解来北平。

至此，东陵盗案的审判准备工作在许多人看来已经紧锣密鼓地忙碌起来了，新闻舆论也不间断地报道，善良天真的人们认为：政府当局要动真格的了。

12月12日，天津警备司令傅作义派人将犯人戴明德、古玩商李济川、姚松泉，犯罪嫌疑犯赵忠俊、张王氏五人，及赃物珍珠一百余粒、宝石若干块，一并解平。

12月13日，天津警备司令傅作义再次派少校副官郑玉和率领士兵四十七名，将盗案中要犯四名由津押解来平，收容于军法会审处，听候审讯。

然而，盗陵案的会审并没有像人们想象中那样如期开庭，直到1929年4月20日，以商震为首的特别高等军法会审才开庭预审。当年4月21日的《晨报》对此做了及时的报道：

东陵案昨日（二十日）下午四时三十五分举行预审，六时散会。兹将其经过详情与省主席商震之谈话，分志于下：

审判情形：昨日（二十日）陵案军法会审预审开庭。由法官张柱宣布一切。三时三十分，审判官邱山宁、赵经世、周学海、李竟容先后到齐，四时二十分审判长商震到会，预审开庭。审判长、审判官依次入庭，张柱与周仲曾坐于两旁，先由法警提出嫌疑犯杨震国，经赵经世亲讯问，杨之供词与前无大异。次提鲍建功，鲍系军人与陵案有重大嫌疑，供词甚为狡猾，经审判官反复开导，鲍供如实。次提张王氏，审判长谓汝羁押数月，经三次审讯之结果，汝确为嫌疑，姑从宽，准汝保释。王张氏衣灰布，形容极憔悴，由六七名法警送出卫戍部。次又讯某犯，关防较严，复送原机关还押。

各法官旋在会议庭开会，佥以本案预审，手续大体竣事，即可终结，整理各案件电请中央请示后，即可公开审判，遂散会。

商震对记者谈话

问：陵案本日开审情形如何？

答：今日仅提鲍建功、杨震国两犯讯问，口供大致无差，且经质问，均无差错。王张氏仅有嫌疑，下次开会即结束，并可商订公开审判，以结束本案。

盗陵案最终将如何审理呢？阎锡山把持的国民北平政府，将已抓获的一些蝼蚁、小蟹犯罪罪名确定三类：盗窃、掘坟、破坏军纪。关于盗窃，因清室无失物清单，不知确实损失多少，罪较轻；掘坟罪按普通刑律办理；最重大为破坏军纪。

6月9日,《新晨报》报道盗陵案的预审审理结果:

东陵盗案　昨日(八日)在平津卫戍司令部举行最后预审。审判长商震,审判官邱山宁、李竟容、赵经世先后到庭,军法官周仲曾、张柱依照先例部署一切。兹将其经过详情分志如下:

审判情形　昨日(八日)下午三时四十五分钟开审,审判官邱山宁、赵经世分座于审判长商震左右。先提巴建功至,讯问去年掘陵墓情形,一一招认不讳,旋又提张歧厚至,讯以造意犯指使之经过,张均承认。最后提某官至,讯以当日指挥部属掘陵及贩卖赃物各情形,某坚不承认,谓本人站在革命立场,万不能做此,且计时日本人并不在遵化。邱山宁谓人证物证俱在,无容狡辩,遂提巴建功、张歧厚至向之质证,巴、张当谓该人事已至此,赖又何益,国法俱在,不如招了,或可希末减云云。赵经世与李竟容反复开导,伊始俯首无言。此项辩论历时三句钟,审判长遂带(疑落一"回"字)原押。次又提审某军官之弟至,略一讯,时间七时遂宣告预审终结,散会。

临时会议　商震在会客厅与赵经世等举行谈话会佥以上次所拟之审判书,其中情形微有歧义,应另行起草,推周、张两法官起草,先由赵经世、李竟容等审正。约定下星期三开谈话会讨论一切,赵经世主张改在下星期六讨论最后之判决书,呈报军政部请示办法。其中罪轻者得酌量情形分别首从,以资判决,其案由大致分为掘陵、盗窃、军人犯罪等项。

商震谈话　记者于散会后,谒审判长商震,商谓今日仍属预审性质,其详情恕未便奉告。惟本日所审者为巴建功、张歧厚及某军官等，巴、张两人极为痛快，不失为自作自受之一好汉。全案判决其情较重者，当依法办理，其次将判决十一年、九年、七年以致数月徒刑均有之。唯希望法得其平，以保证军法独立之精神。下星期二即开谈话会，将判决书审定后，即送军法部请示执行。军法会议之责，届时可告一结束。本案困难之点亦不在少，好在人证齐全不难执行也。

6月15日，《新晨报》再次报道：

>　　**复旦社云**：陵案自上星期六开会议决本星期六举行最后审判，并拟定审判书呈报中央后，久悬未决之陵案正式结束。关于赃物问题，高等军法会审拟辨定赃物入土几时，辨定何者为乾隆、慈禧殉葬物及估计价值若干。因于前日特函请故宫博物院保管处考古家马衡及北平总商会玉器行、古玩行派经验之专家会同鉴定。昨日下午二时，陵案审判委员赵经世、邱山宁、李竞容，军法官周仲曾、张柱均到卫戍部，先在会议室内开会，商议一切办理结束手续，并派军法官周仲曾由大陆银行保险库将赃物取出以供古玩家鉴定。下午三时余，古物保管所长马衡及商会所请专家黄某等六人到会，与审判员先开谈话会，移时周仲曾将赃物取到，即在会议室桌上将赃物包封打开，按号由马衡检视。军法员陈鼎五按号提出，即第一号：天津警备司令部交到赃物八包；第二号：空心镯一对，宝石八颗；第三号：八宝石镯一副（附片子五张）；第四号：义文斋傲珍珠一百七十二粒；第五号：珊瑚金珠镯一对；第六号：大小珠花

四枚；第七号：八宝镯一副；第八号：玉带头一对，佩玉两块；第九号：红绿珠一包；第十号：珠一包；第十一号：双玉带總一串；第十二号：珠一包，约一二两。由审判员赵经世、李竟容等会同检视。结果已证明：何物出土多年，何物为乾隆、慈禧葬物。马衡并述明鉴定之理由，因乾隆、慈禧棺椁，与普通坟墓不同，普通坟墓入土后即用土掩埋，乾隆、慈禧陵系停于石室内与湿土隔离甚远，且湿气不易侵入，故所有珍珠玉宝均无损伤，惟光泽较黯。乾隆陵内葬物较慈禧后葬物反能保存时间最久，珠上光泽未退。至赃物估价问题，各古玩专家因种种关系并未估价，即姓名亦不愿披露。下午五时将赃物检查完毕后，由审判员赵经世、邱山宁、李竟容将赃物保（疑系"包"字之误）妥，上盖印章。五时半由周仲曾将原物送回大陆银行保存。五时四十分散会，并定于今日下午二时举行最后审判，审判长商震亦出席。同时将判决书原稿拟妥，寄呈中央，听候复示，以便定期公开审判。记者会后特访邱、赵两委员，志其谈话如左：

邱山宁谈话 本日陵案并非会审，系请故宫博物院古物保管所鉴定赃物，以便明日最后会审，作一相当证据。检视之结果已将赃物入土时之远近及何为乾隆葬物，何为慈禧葬物，先后检视共十余包。明日下午二时，仍在卫戍部开会，商震审判长亦亲自出席，陵案再经此次审讯，即可结束云。

赵经世谈话 今日陵案会审法庭特请故宫博物院古物保管所马衡鉴定赃物，同时并邀古玩商行六人估计价值，至五时余检视完毕。明日下午二时，开最后审讯，并将审判拟定，由委员长及各委员、军法官共同签署，呈报中央，俟中央复电到后，再行公判，陵案至此已告一段落。此次陵案为全国注目事件，办理手续上格外慎重，遂经此数月时间。余拟于陵案正式公判后即赴济南，至陵案人犯其中有应减轻罪者亦待明日会审中讨论云。

对于东陵盗案的最后判决，6月16日《新晨报》做了详细报道：

东陵案自去秋间发生后，迄上星期六（八日）由高等军法会审处最后预审终结。前日（十四日）检查赃物，昨日开军法会议，决定将全案卷宗，派员赍送赴京。兹将其详细经过分志如下：

全案经过 东陵案系去年秋间遵化县驻军勾结守陵满员，将顺治、乾隆、慈禧陵盗掘，窃取赃物。经清室载涛与文化保管委员会举发，中央遂令商震组织高等军法会审，将青岛、天津、北平各地之军犯，提案法讯。分库案与陵案两部，其库案各犯有与陵案有关亦有无涉者，概于去岁十一月间移送普通法院办理。其陵案部分商人七名于夏历十二月内由北平总商会保释，具结随传随到；其属于军人之谭温江、戴明德、巴建功、张歧厚四人，则始终在卫戍司令部看守所看押，在逃杨振国之女人杨赵氏则押于地方法院看守所内。先逃逸各犯则依法办理，八日预审终结，人证齐全，此案遂告一段落，专听中央军政部之依法处置。

会议情形 昨日（十五日）下午三时，高等军法会审法官张柱、周仲曾至会议庭，携同判决书案，专候会议。逾时审判官赵经世、邱山宁、李竟容先后莅止，四时二十七分商震至。各法官皆著军服，态度隆重庄严，禁绝外人入室。商震主席由邱、赵、李三审判官将起草判决书理由逐一说明，并声述完全根据军法，毫无偏袒纵徇之处。其判决书内容为合并判决，约八万余字，汇订一巨册。其判决文为盗窃东陵之情节，其本案理由则搜集各种证物、证人之言，据所有各犯罪名，均汇一处。最后署名为审判长商震，审判官赵经世、李竟容、邱山宁等署名盖章。商震等分别翻阅，约有两小时，其中临时修正补充约有数处。最后决定派员赍送赴京。其杨振国之妻杨赵氏因事前不知，情节可原，准予取保释放。

送京案卷 商震等决定将全卷送京后，由法官整理全卷，计有十八卷：一、以供录存；二、存查之件；三、证物清卷；四、各处来文；五、原告诉状；六、移交案卷等，此外尚有所获之赃物及其他一切物件，均行加封缜密保存。借用河北省政府印信，加盖印信诸事，尽于今日办妥，赍送赴京，静候军政部军法司宣判执行。

机关保存 商震于本案诸事会商告竣后，即续举行会议。军法会审机关问题，佥以本案预审终结，但全案仍在待令执行，机关有保留之必要。处内之法官周仲曾、张柱，助理员陈定五、黄光瀛皆属卫戍部内调用，其书记官田树勋及书记数月以来均勤慎从公，且将来执行本案时，亦需人助理，酌予保留。其他冗员则行裁去，各审判官与军法官对本案之责任均未解除，宜照常供职，即有因事暂时离平，届时亦当来平参加执行。

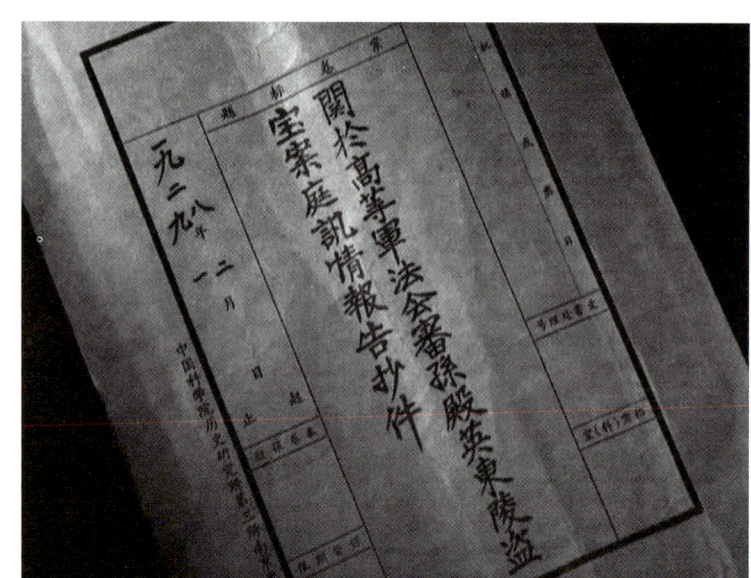

审判东陵盗陵案的卷宗

在国民政府组建的高等军法会审中,盗陵掘墓的首要罪犯孙殿英却没有被列入审判的名单。即使受到审判的谭温江也只是在人证俱在和审判官的"反复开导"下,才"俯首无言"。这只能说明军法会审中的审判长、法官们接受了贿赂或者怀有不可告人的秘密。当时东陵接收委员刘人瑞事后曾对他的儿子刘绍韬说过:孙殿英及其上司第六军团总指挥徐源泉为掩盖事实真相,缩小事态,曾贿以数万重金,请求他修改给国民政府的报告,遭到严词拒绝。孙殿英不仅对当时的国民党大员行以重贿,更重要的是他手中有着一支万余人的队伍。在当时的政局形势中,孙殿英因为有过盗陵这种不大光彩的背景,正好可成为好拉拢的对象。孙殿英处在这种社会背景下,不仅成为"受利渔翁",免遭判决,还照样升了官,这才真正叫"官匪一家",

法官与盗贼同类。

军法会审对于东陵盗案处理的最后卷宗,被送往南京政府军政部。几个月的时间过去了,南京方面对此竟然没有任何答复,善良的人们和逊清皇室等来的却是中国近代史上有名的中原大战。

国宝的去处

高等军法会象征性地按照所谓的程序上报南京国民政府之后,就开始了无限期的休会,而盗陵主犯孙殿英和他的干将谭温江则依然逍遥法外。尽管在会后谭温江依然被关押在北平陆军监狱,却除了行动自由受到限制之外,生活方式依旧如以前那般滋润。他的顶头上司孙殿英依旧是国民革命军军长。

1930年5月,当近代史上著名的中原大战开始后,孙殿英受到阎锡山和冯玉祥的招降,顺势投靠在冯玉祥的麾下,其身份则是"讨蒋第五路军总指挥"。此时的孙殿英没有忘记自己的属下谭温江还在北平监狱,于是他恳请阎锡山释放其归队效力,阎锡山立刻允许。谭温江也因此摆脱了牢笼之苦,再次走上为军阀征战的疆场。当孙殿英和谭温江与前来督战的冯玉祥会面时,本来对自己历史问题怀

中原大战前,蒋介石(中)、阎锡山(右)、冯玉祥(左)三巨头合影

冯玉祥像

有鬼胎的孙殿英没想到冯玉祥对他的历史问题并不在意，还有夸奖之意："殿英老弟，你的革命精神我很佩服！咱们是好朋友、好同志！在反对满清这一点，我干的是活的（指驱逐溥仪出宫），你干的是死的（指盗陵）。"这使得孙殿英很受感动，事后他对人说："总司令真伟大，他要是叫我卖命，孬种才会含糊！"

虽然持续半年多的中原大战最终以张学良入关，蒋介石胜利，阎、冯联军失败而告终，但对于孙殿英这个盗陵主犯来说，他不但没有损失，反倒在战争中扩充了自己的实力，之后孙殿英又归服于蒋介石的麾下。而国民政府的大员在这之前就因收到孙殿英"敬献"的各种珍贵礼物而保持沉默，直至最终孙殿英被解放军俘虏后病死，那些东陵珍宝也没有一个具体的数量和流落的归宿地。那么，孙殿英盗取的东陵宝物都流落到哪里了呢？

据现有的文献记载，孙殿英当年盗取的东陵珍宝，大致有五种去向：赠送政府要员，上交，变卖和丢失，自己随身携带。

赠送政府要员。据原国民党大特务头子文强回忆说，孙殿英曾亲口向他说起一些宝物的去向："乾隆的墓修得堂皇极了，棺材里的尸体已经化了，只留下头发和辫子。陪葬的宝物不少，最宝贵的是颈项上的一串朝珠，有一百零八颗，听说是代表十八罗汉，都是无价之宝。其中最大的两颗朱红的，我在天津与雨农（戴笠）见面时送给他做了见面礼。还有一柄九龙宝剑，有九条金龙嵌在剑面上，剑柄上嵌了宝石。我托雨农赠给委员长或何部长，究竟雨农怎样处理的，由于怕蹦皇陵案重发，不敢声张。慈禧太后的墓蹦开后，墓堂不及乾隆的大，陪葬的宝物却多得记不清楚。慈禧从头到脚，一身穿挂都是宝石，量一量大约有五升之多。慈禧的枕头是一只翡翠西瓜，托雨农赠给宋子文院长了。她口里含的一颗夜明珠，分开是两块，合拢是一个圆球，分开透明无光，合拢则透出一道绿色的寒光，夜间在百步之内可照见头发。听说这个宝贝可使尸体不化，难怪慈禧的棺材劈开后，老佛爷好像睡觉一样，只是见了风，脸上才发了黑，衣服也有些不得手。我将这件宝贝夜明珠托雨农代我赠给了蒋夫人。宋氏兄妹收到我的宝物之后，引起了孔祥熙部长夫妇的眼红，接到雨农的电话后，我选了两串朝靴上的宝石送去，才算了事。那把九龙宝剑，究竟赠给了委员长还是何部长，到今还不明白，有便代我打听，但也不必当面去问雨农，不然，会显得我太小气了，千万千万，拜托拜托。"

徐源泉的部下赵荣孝、王明洙回忆记载：孙殿英在京东驻扎时曾假剿匪为名，将清东陵包围，用炸药轰开慈禧坟墓及乾隆陵寝，得了不少奇珍异宝。事发后，孙遍赂当道，将慈禧所着珍珠服及灵前陈列之用红宝石镶成的花瓶一对献于宋美龄，其余权贵均有馈送。据闻只冯玉祥一人未曾接受。

上交。孙殿英为了洗脱自己的罪名，把盗来的宝贝一部分上交给北平国民政府，谎称是收缴土匪所得。但这部分珍宝具体到了哪里，并无下文。

变卖和丢失。 清逊帝溥仪的英文教师庄士敦在他所写的《紫禁城的黄昏》中曾这样写道:"这时候,北京的国民党地方政府,也循例成立了一个特别法庭,追究这班盗陵的小头领;就算把这些小偷抓到了,也不过是略施责罚而已。对于在幕后主持盗陵的陆军将领,法庭是不敢动他们半根头发的。他们仍然保持最高的军职,把盗窃的宝物好好地收藏着,过了一个相当的时候,这批宝物就在各地租界上出现了,自有掮客为他们向外国人兜售,转到世界各大市场求脱手了。"

曾任孙殿英部骑兵队长的刘壮飞在回忆录中写道:"孙殿英将大部分珍贵文物,派人带至上海,托上海青帮头子黄金荣卖给美国人,售价三百多万银圆,中间还叫美国人敲了竹杠。"

随身携带。《中国档案报》有署名"张荣久"的文章声称:孙殿英是在汤阴东南城外的坟地里被抓获的,并且将孙殿英身边携带的两件从东陵盗取的国宝收缴归公了,十八旅旅长肖永银(原南京军区副司令员)曾亲眼所见。该文标题为《孙殿英大盗身边最后两件国宝是如何收缴的》,原文这样写道:"他(指孙殿英)掏出钥匙命令随从将箱子打开。两只普普通通的箱子打开了。顿时人们眼前一亮,满屋生辉。只见一箱里摆着一个玉石西瓜,全是由珍宝玉石做成,且不说每一粒玉石的价值,仅玉石的数量已是一时难以数清;再说另一箱里摆一口宝剑,剑身已呈黑色,剑柄镂金雕玉,年代甚是久远。肖永银一时也看呆了,看了好一会儿,才问孙殿英:孙司令,你这两件宝贝,是从哪里得来的呀?这一问,孙脸色顿时黯然,好一会儿,他才叹息道:说起来惭愧,是兄弟我从慈禧墓里取出来的。肖永银又问:这两件东西有什么特殊吗?

庄士敦与婉容、英文老师

孙殿英又低头细细瞧看一番，然后低声说：这个玉石西瓜，是当年外藩进贡清朝皇帝的礼物；这口宝剑，是三国时代赵子龙的！"

而据当时一段关于孙殿英在当地征用了二十辆大车的记载，孙殿英盗走的东陵珍宝数量是巨大的。现在唯一确信的是，这些东陵珍宝已经通过各种途径流失到世界各地了，其主人出于珍宝的来源不正而不肯告人。但是笔者相信，这些珍宝随着时间的推移，最终会陆续浮出水面。

第七章
打开地下宫殿

地宫石门在现代工具的帮助下打开,人们终于如愿以偿地走进裕陵地宫,顺利完成清理地宫的工作。由此初步揭开了清朝皇帝陵的神秘面纱。

找到地宫入口

地宫不仅存放着墓主人的棺木,还陪葬着大量的世间珍宝,同时隐藏着一些珍贵的文物信息,这是最引人关注的地方,也是陵寝建筑的神秘所在。

1975年7月下旬,在副所长郝春波的指点下,人们将开挖地宫的地点确定在哑巴院琉璃影壁下的神路正中。考虑到挖掘的工作量不会很大,并且裕陵又是被盗过的,这次属于试探性的挖掘,所以没有雇用外面的工人。参加挖掘的都是清东陵文物保管所的男职工,其中有副所长郝春波,木工组组长牛进田,瓦工组组长杨宝田,会计谢久增,摄影师杜清林,职工李有、张恩印等。

大家对于开启裕陵地宫的热情很高，都觉得浑身有使不完的劲儿。在最初的几天时间里，却始终未找到地宫的盗口。郝春波是1952年成立的由五个人组成的清东陵文物保管所成员之一，也是首任副所长。清东陵文物保管所成立以后做的主要工作就是填堵各陵的盗口。郝春波所长是这项工作的领导者和参与者，经历了全过程，哪个陵的盗口在什么位置他是最清楚的。所以在开挖裕陵地宫时，所选择的开挖地点就是由郝春波指点的。看着眼前两三米深的大坑，大家显得有些丧气，多次向郝春波探问挖掘的位置有没有记错。郝春波所长这时对自己所指的位置也产生了怀疑，不由得自言自语道："妥不是惠陵啊？"意思可能是惠陵盗口在这个地方。这句本来是当地的土语，后来竟成为大家与郝春波开玩笑的话柄。省里来的赵辉在旁边焦急地说了一句："再找不着，我就先回去了。"大家听了这话，心里更加着急，如果省里的人真的回去了，那裕陵开启的事情就有可能因此停下来。

7月28日这天中午，也就是试探挖掘的第六天，大家在单位的职工食堂吃饭。摄影师杜清林像往常一样，没有听周围工友对挖掘地宫的议论，他很快吃完了饭，收拾起碗筷后，拉了一把正在自己身边吃饭的杨宝田，使了一下眼色，二人很快出了食堂，直奔裕陵的哑巴院。原来他俩经过商量，认为不能再往深处挖了，应该横着向北面的方向掏掏。因为他们自己也没有把握，怕别人认为自己是瞎干，所以就想先偷着试一试。

裕陵明楼下的方城有一道拱券式门洞，当地人管它叫"古洞门"，进入古洞门，在方城和宝顶之间的一个小院落，就是哑巴院。

裕陵哑巴院

裕陵哑巴院内琉璃影壁下，当年盗匪曾从这里盗挖进入地宫

在这个小院的北墙正中贴砌一个琉璃影壁，影壁下面向南的地面上有一段神路，哑巴院既是全陵神路的起点，也是终点。院子的东西两端各有一座砖砌的转向磴道，拾级而上，可登上明楼、宝顶。院内地面上还设有两个七星沟漏，通过地下的两条暗沟，可把哑巴院内的雨水直接排到宝城以外。这个小院看起来没有什么奇特之处，好似专门为方便登临方城宝顶而设立的。从表面看，琉璃影壁起到美化装饰作用，类似平常百姓家的影壁墙。可实际上，哑巴院是整座陵寝最为重要的地方，哑巴院的琉璃影壁遮挡着地宫的入口。院内神路下面是进入地宫的斜坡墓道，昔日帝后妃的棺椁就是从这个斜坡慢慢送进地宫的。历朝封建帝王都实行厚葬，死后把大量奇珍异宝带入自己的地宫。因此，能否有效防止地宫被盗，地宫入口的保密工作自然就成为关键了。

　　哑巴院是地宫入口的所在，是棺椁的必经之处。因此传说在营建陵寝时，为了保守地宫入口的秘密，凡哑巴院的工程所用的工匠、壮工都是哑巴。他们白天休息，夜间施工。上工下工的路上都蒙上眼睛，使他们不识途径，不知道施工的地点。陵寝建完后，便把他们遣送到人烟稀少的边远地区居住。因为这个院子是哑巴修建的，所以叫"哑巴院"。但这只是传说而已，不足为凭。哑巴虽然不能说话，但他们之中不乏会写字、绘图之人，用手势打哑语更应该人人都会，所以完全可以把地宫入口的秘密泄露出去。在古建筑中，往往把一些隐蔽、看不到的部位、构件称为"哑巴××"，如哑巴缘、哑巴裆等。这个小院因为十分隐蔽，只有穿过方城隧道才能看到，故称为"哑巴院"。

　　杜清林是一个刚刚三十岁、胆大心细的小伙子，做起事来，总有一股不服输的劲儿。他和杨宝田在哑巴院大干起来。他们俩这回没有继续往深挖,而是在挖好的大坑里向北掏。体大力悍的杜清林,抡起大尖镐一阵猛刨,杨宝田则使用铁锹杆不断猛捅。不大一会儿,就听见"哗啦"一声,漏出一个洞口来。这时候,保管所的其他人也赶来了。原来,细心的谢久增看见杜清林与杨宝田吃饭的时候,神情有点异常,就猜想他们心中有事。见他俩吃完饭什么也没说就直接奔裕陵去了,知道他们是怕省里来的人走了,开启地宫的事就得搁下,所以他们自己抓紧时间先干起来。谢久增见大伙差不多都吃完饭了,就招呼大伙一齐到工地去看看。

摄影师杜清林(左)与徐广源(右)合影

"洞口！"刚来到工地的人们几乎同时叫了起来，这下子大家的积极性立刻就上来了。杜清林看见大伙儿都来了，特别高兴：这真是"心有灵犀一点通"啊。"众人拾柴火焰高"，在人们的一齐努力下，一条通向地宫的昏暗深幽的盗洞出现在眼前。有人拿来了手电筒，有人拿着干活的工具，钻进了盗洞。

人们借着手电筒的光柱，猫着腰，摸索前进。走了十几米远，就发现前面是一个大坎子，即挡券墙，俗称"金刚墙"或"罗汉墙"。借着手电筒的光柱从大坎子上望过去，前面是一道石门。这个大坎子实际上就是隧道券内填砌砖块北面的堵头。盗洞的北口位于这个大坎子的顶部，坎子下面有一堆砖块。人们从洞口爬下，踩着砖头，便进入了裕陵地宫。

千斤顶与鬼挡门

在地宫与地面间有一条与地面呈十一度角的平整光滑甬道，进深三十二米、宽四米，这是入葬时移入棺木的引路，甬道尽头就是九券四门组成的地宫。在清宫档案上称这条引路为"隧道券"。

当人们穿过隧道券进入地宫后发现，地宫的地面上全是没脚深的灰浆，于是有人立即回去找来了水靴子。

1928年孙殿英盗陵之后，清逊帝溥仪派人到东陵处理善后事宜时发现，裕陵地宫存有大量的积水。裕陵地宫清理后，从墙上的水痕看，地宫里的水最深的时候达到过六七尺。自地宫开放以来，每到阴雨连绵的夏季，地宫中都会有大量的渗水。据档案记载,在乾隆十七年(1752)孝贤纯皇后入葬前就曾发现地宫有渗水,乾隆帝命令有关大臣采取紧急措施进行了补救,效果不错,很快排出渗水,并且一直到嘉庆四年(1799)九月十五日乾隆帝入葬裕陵地宫这四十七年的时间里,地宫中再也没有出现渗水,至于当时采用了什么办法使裕陵地宫竟没有出现渗水,这还有待人们进一步研究。那么,地宫里的这些水是怎么来的呢? 1928年溥仪派来的善后随员之一的徐榕生在日记中有如下记载:"裕陵之水渐净,尚余水七八寸。埴同叔壬涉水而入,至四层石门,见门内外有泉数处,汩汩自石缝中出,他处无之,忖测当时石门被炸倒地,震动石缝,故然。"

在地宫里,人们借助几支手电筒的照射穿上水靴子,蹚着泥水很快来到了第一道石门前。地宫的两扇巨大的石门关闭着,上面雕刻着两尊女菩萨。当时大家的全部心思都在地宫深处的棺椁上,没

裕陵地宫石门关闭情景

有多想就一起用手推石门，没想到没有费多大的劲儿就推开了第一道石门。展现在手电筒光柱里的是一个比较宽敞的券堂，四壁和券顶都雕刻着佛像和看不懂的奇文怪字。越往里面走，灰浆越多。同样没费多大力气，第二道石门也被推开了，大家很顺利地来到第三道石门前。这一回，尽管大家使出了吃奶的劲头，石门就是纹丝未动。

杜清林从旁边人的手中要过来一支手电筒从门缝向里照射，从上照到下，看了半天，里面黑乎乎的，什么也看不清。人们这时候都很着急，一时竟然想不出好办法来，他们总不能也像孙殿英那样用炸药把石门炸开吧！

"用千斤顶试试。"在旁边思考着的谢久增说。因为谢久增想到史料中记载，孙殿英盗陵后，清逊帝溥仪派人重殓时，石门只是虚掩上的，并没有自来石顶住石门；再者，千斤顶的顶劲儿只是一点点地推动石门，对于石门和门后面的东西不会造成任何损坏，如发现石门没有移动，可以停止顶推。大家对此非常赞成，立即派了两个人去找千斤顶，时间不长，从当地驻军那里找来了千斤顶，随即又找来了几根方木。把千斤顶和方木接起来，平放在地面上，千斤顶顶在西扇的石门上，方木的另一端顶在第二道石门的下门槛上，随着千斤顶顶杆慢慢地伸出，第三道石门的西门扇慢慢地向后移动。当门扇开到能够钻进一个人的时候，杜清林和李有首先钻了进去。人们这才发现原来顶住石门的是一口巨大的棺木，棺木的后面被凿开了一个大洞。这口棺木大部分顶在东扇石门上，西扇石门被顶住的部分很少，所以用撬杆把棺木往东撬了几下，棺木就让开了西扇门，由此推开了西扇石门。后来研究发现，顶住第三道石门的棺椁竟然是乾隆帝的，乾隆帝棺椁在1928年清皇室清理之后居然再次漂移下棺床，顶住了石门，怪哉！

1928年孙殿英盗掘乾隆裕陵地宫时，就是因为乾隆帝棺椁顶住了石门，盗陵匪徒才用炸药炸坏这道石门进入地宫的。炸药在炸坏石门的同时，也使地面的石块裂缝增大，致使渗水更多。

地宫积水是乾隆棺椁漂移的原因，但问题是：地宫里面的积水即使能将棺椁漂浮起来，地宫里六口棺椁中为什么只有乾隆帝的棺椁移到了第三道石门的后面顶住石门？而且两次顶住石门的棺椁都是乾隆帝的。有人对此曾解释说，裕陵地宫里的水最多的时候有两至三米深，足以把地宫的棺椁漂浮起来。至于棺椁为什么顶住石门，也很好解释，因为地宫里的水是从石缝渗进来的，同样也会从石缝中渗出去，这样就会形成水流，使棺椁移动。再说，孙殿英盗裕陵地宫时正是雨季，地宫里的积水甚多，孙殿英一伙见地宫积水很多，就把地宫里的水排出地宫，产生很大的水流，他们就把漂浮的棺椁像船一样拉拽到石门的后面，最终顶住石门。第二次顶住石门，是因为孙殿英炸石门时，地面被多炸出一些水泉，致使地宫积水渗进渗出，产生足够大的水流，使棺椁漂移。这些理由看起来似乎有理，但又禁不住仔细推敲。

首先，地宫里的六口棺椁都是被固定在棺床上的。裕陵地宫中，帝后妃的每一口棺椁四角均是用四块巨大的龙山石（也称"卡棺石"）卡住，龙山石的下棱压在椁的下横边，龙山石的竖向凹槽卡住椁的竖棱，并且龙山石与石棺床之间用卯榫方式相连。这样就使棺椁既不能前后左右移动，也不能向上漂浮，

裕陵地宫龙山石摆放位置（孝贤纯皇后棺位）

十分稳固。再者，棺椁内除一具尸体外，装满了奇珍异宝，异常沉重，棺椁要漂浮起来谈何容易。退一步说，即使棺椁漂起来，也应是六口棺椁一起漂起来，为什么两次都是最沉重的乾隆帝棺椁漂浮起来？最后，地宫里的水是从地宫地面墁石的缝隙中冒出来的，所以，地宫里水面的上升和下降都是极缓慢的，因此也就不会形成大的水流，乾隆帝的棺椁在弱水流中漂移也就会很困难，更何况还要漂过第四道石门的门槛漂到第三道石门后面。因此，乾隆帝棺椁为何能漂浮起来顶住石门，现在只能说是未解之谜。

地宫里面的第四道石门的西扇因为被炸，已坏成多块躺在地上，东扇石门比较完整，只有门轴有些破损，也躺在地上。大家进入地宫最后的券堂里，看到里面一片狼藉，被拆散的棺木木板堆放在棺床东北角，地宫里面有四口内棺，其中正面棺床上有两口，棺床下有两口，一个立戳着，另一个则顶住了石门。

因为地宫里面的气味难闻，潮湿阴凉，所以大家看了一会儿就赶快撤了出来。

神秘的金井

人们在地宫金券棺床的正中意外发现了一个圆孔，有六七十厘米深，下面是黄土。这个圆孔就是人们常说的"金井"，是陵寝建筑之中的风水之穴。

民间传说，入葬地宫后的棺椁放在金井上，尸身能够沟通世间阴阳之气，尸体不但不会腐烂，而且能使死者灵魂自由地来往于人世阳间与地府阴世之间。说它神奇在于：金井里的水清澈甘甜，是无根之水，无论是大雨连绵的夏季，还是遭遇百年不遇的大旱，金井里的水不溢不降，总是那么多、那么平静。对于这样的说法，有人说是因为金井的位置点得好，而且有许多珍宝在里面镇着它。也有人说因为金井是通向大海龙宫的海眼，龙王在里面看守着地宫，所以到任何时候水也不会溢出而浸泡尸身。更有一些人认为金井里面的水能治百病。

清朝的帝王和历代帝王一样，认为陵寝是"关乎天运之发祥"的头等大事，如果能选择一块上吉佳壤，便可以"垂宝祚于无疆，绵福祉于有永"。而金井位置的确定又是其中关键一环。金井位置定得合不合宜，甚至能决定陵寝工程的成败。道光帝最先在东陵宝华峪建的陵寝，因点的穴位过于靠后，接近后山，以致所有建筑都靠后，在开挖地宫槽时，竟挖出山石，挖出山泉，最终导致拆毁全陵。在风水理论中，有"三年求地，十年定穴"的说法，虽然有些夸张，但也足以说明金井的重要性。

在《清史稿》中，有关于顺治帝为自己的陵址亲定穴位（金井）的记载：

康熙二年，相度遵化凤台山建世祖陵，曰孝陵。先是世祖校猎于此，停辔四顾曰："此山王气葱郁，可为朕寿宫。"因自取佩韘掷之，谕侍臣曰："韘落处定为穴。"至是陵成，皆惊为吉壤。

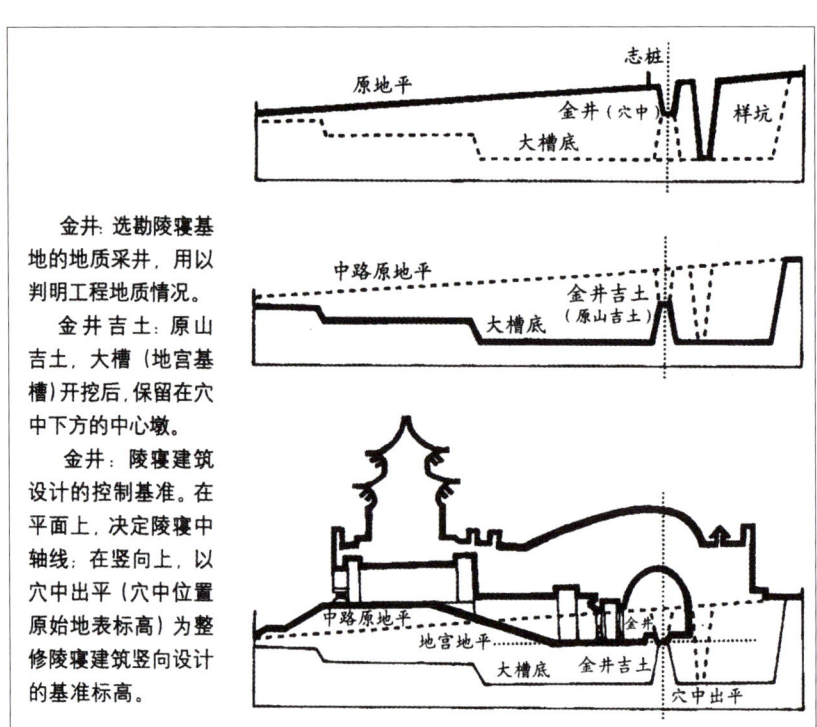

地宫金井位置示意图（绘图　王其亨）

金井虽然名之为"井",实际上却是一个直径仅零点一四米、深不足一米的竖向圆孔,孔内无水。金井穴眼上有盖,共有两件:一件叫"穴眼盖"或"金井盖",一件叫"穴眼浮盖"或"金井浮盖"。

实际上,金井并没有上面说的那样神奇。金井的作用主要体现在陵寝营建上。金井不仅是地宫的核心,也决定着整座陵寝平面布局和各单体建筑水平高低的尺度。所以,在营建陵寝时,首先要确定金井的位置和井内原山吉土的高度,即点穴。动工之前,先在穴中处搭起一座罩棚。破土时,在金井位置开一个大槽,在穴的中心处留出一个土墩,土墩的土称"原山吉土",不能见日、月、星三光,取出少量原山吉土呈递给皇帝验看后,妥善保存在陵寝事务衙门。地宫建成后,大葬之前,要把一些珍奇宝物陆续放入金井内,以求镇墓、息壤。金井穴眼用浮盖覆罩;大葬之前,再将保存在陵寝事务衙门的原山吉土用黄绸包好,不能见日、月、星三光,由皇室成员捧着,放入金井中去,并撤去浮盖,覆罩金井盖,然后安奉棺椁于金井上。1980年,清西陵文物管理处在清理崇陵地宫时就在金井中发现了用黄绸子包着的原山吉土。

金井里放入原山吉土,是源于"人类来于自然,死后亦回归自然"。皇天后土是人类生死存亡的栖息之处,只有生死与自然融为一体,生者与死者的灵魂才能对话,人的生生死死才能久兴不衰、长存世代……这种似是非是、似通非通的理念,使得历代皇陵在修建之后,总是把少量的原山吉土放入地宫金井中。金井、土地、灵魂三点一线,血肉相连,息息相通,这种融宗教与文化于一体的神秘风俗，千百年来，引起封建帝王的格外重视。

在中国第一历史档案馆的清宫档案《菩陀峪金井安放帐》《大行太皇太后升遐记事档》中有详细的关于慈禧陵地宫金井安放珠宝的记载。在《清实录·宣统政纪》中也有慈禧入葬时放入原山吉土的记载。

第八章
沉重的遗产

地宫已经打开，人们开始有计划地清理地宫。人们清理地宫后才发现，裕陵地宫里藏有许多难解之谜……

再次上报计划

裕陵地宫已经顺利打开了，清东陵文物保管所的主要负责人与省里来的赵辉一起开了一个会议，商量清理地宫的问题。地宫隧道里完全用城砖砌实，有四百多立方米，而且全部灌浆，非常坚固，起撬很困难。剩下的灰土运送也是很困难，全部靠人搬筐抬，地宫中的灰浆垃圾，也要过水细挑，难度很大。但考虑到封锁消息和节省经费，决定全部使用本单位的职工。会议结束后，省文化局的赵辉便回省里汇报去了。

赵辉走后，清东陵保管所起草了一份《清东陵文物保管所关于裕陵维修和地宫清理计划》，并于当年8月4日上报到河北省文化局：

清东陵文物保管所
关于裕陵维修和地宫清理计划

河北省革命委员会文化局：

　　清东陵是国家重点文物保护单位，裕陵是清代封建统治者乾隆的陵墓，规模较大，造价较高，目前是保存得比较完好的一组古建筑。

　　裕陵地宫于一九二八年被军阀挖掘，随葬品盗劫一空，仅存部分残破棺椁，地上建筑门窗全部无存。

　　为了配合毛主席革命外交路线，贯彻"古为今用"的方针，在结合当前批林批孔运动，加强无产阶级专政理论的学习，这里是一个很好的阶级教育和历史唯物主义教育阵地，它歌颂了劳动人民高度智慧和创造才能，揭露了封建统治阶级压迫劳动人民的罪行。为适应开放，现将裕陵地宫清理和建筑维修计划如下：

　　1. 七五年将地宫、墓道进行清理，增建防雨设备，并做好月牙城及宝顶排水工程，架设墓内外临时照明线路。

　　2. 七六年为达到开放的要求，整理安装各展装修。归安石活，垒砌宝城坍塌部分，并将围墙进行全部维修。清理环境。

　　附地宫清理计划方案一份。

一九七五年八月四日

　　抄报：国家文物事业管理局、省文管处、地区文化局、县文教局

清东陵裕陵地宫清理计划草案

一九七五年八月四日

清东陵裕陵（乾隆陵）一九二八年被军阀孙殿英盗掘。解放初即封闭保护。月牙城琉璃照壁下为当年盗墓进口，此处正值砖甬道入口处。甬道内添砌的封门砖，被掏出一条通道，直抵墓门。墓分前、中、后三室，共四座石门（后室有两重石门）。通体用雕花青石砌筑，从墓门至后室后壁长约三十二米（合营造尺十丈），最宽处（后室）约十二点七三米，最高处（后室）约七点九五米。现未见随葬品。后室遗留三棺，被盗后又在墓内积水中漂泊，现已东倒西歪。后室地面还散乱地堆放着棺椁散片，东侧最为集中，墓内地表，淤有不厚的白灰浆。

经初步考虑，清理包括以下步骤：

一、拆除甬道内的封门砖。此步由东陵保管所完成，不日即将开始。在拆除前，应拍摄破坏现状和封门砖结构等照片，记录封门砖堆砌方法和砖的尺寸。

二、在月牙城和明楼门洞内中轴线一侧，开两条探沟，了解墓道形制、结构和尺寸，并为地面附加建筑的设计创造条件。此步亦由保管所完成，正在进行。应拍摄清理出的墓道局部照片，记录墓道的形制、结构和尺寸，因考虑将墓道全部清除，工程太大，并会影响今后的地面附加建筑，所以仅挖探沟，不全部清理。

三、由外及里，逐室清理地面的白灰浆和碎砖，清除时应注意有无盗的小件随葬品。

四、将墓壁、地面及后室的三棺和棺椁散片，全部洗刷干净，准备照相绘画。

五、测绘。

（1）墓室平面图（包括棺椁的现状位置）。

（2）墓室纵剖图。

（3）墓室横剖面图（剖后室从后往前看，可见第四道石门的背面）。

（4）各道石门的正视和剖视图（第三、四道石门因距离很近，剖面图可合一）。

（5）墓壁的石雕加全部摹绘工程太大，是否选取一部分（重复的和不重复的舍弃）做局部摹绘。如石门上的雕刻，可在石门的正视图中解决，第一道石门内过道两侧的四天王，可做局部特写等。

（6）墓室的大量文字雕刻（不知是满文还是藏文），应请人鉴定，识别并摹写。

六、照相。墓道解剖部分、甬道、墓门、各座石门、各墓室、棺床、砖石结构，重要雕刻（绘图和文字），棺的放置现状以及工作现场等，均应照相。

七、文字记录。（略）

八、棺椁及棺内尸骨、物品的处理：

从现存情况看，棺外有数量较多的雕漆文字，十分精美，墓内照相及平面图绘制完毕后应取出（包括棺椁散片）。

（1）将散片尽可能地拼对、修补、复原，以了解棺椁的数量、尺寸、形制、结构、制作技术等，并研究当时葬制和棺上的雕漆文字。

（2）复原后，进行绘图、照相、文字记录等。

（3）考虑漆皮是否会变色或脱落，木制是否会朽坏，应否进行化学处理。

（4）将现存完整的棺打开，了解里面的尸骨及随葬品情况（不一定有随葬品）。应鉴定尸骨的性别和个体数，然后即可丢弃。

（5）以后地宫内是放原棺，还是放复制品，陈列设计时再考虑。

初步估计，清理费约需四千元。

七五年八月二日

河北省文化局收到清东陵保管所的清理裕陵地宫的计划后，立刻转送国家文物局，在接到答复后，很快便给清东陵文物保管所发来了《同意清理东陵裕陵地宫的第一方案》文件。河北省文化局将文件逐级下发：

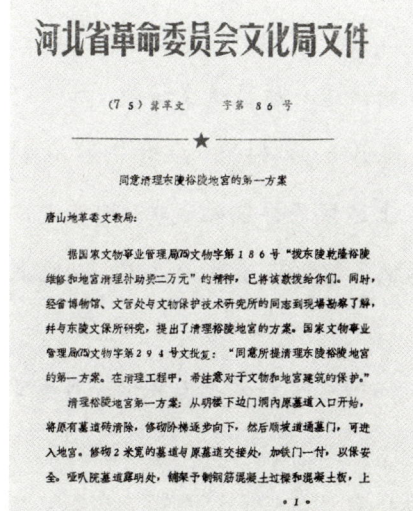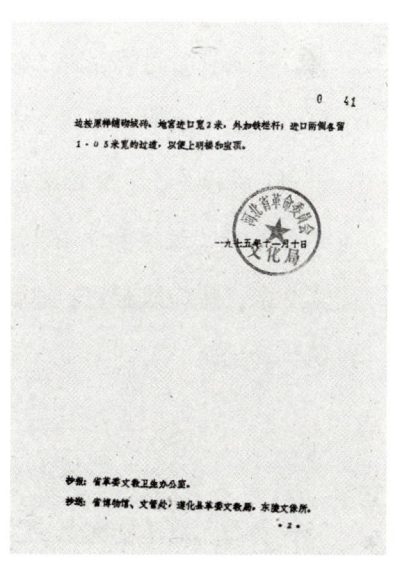

裕陵地宫开启史料

河北省革命委员会文化局文件

(75) 冀革文 字第 86 号

同意清理东陵裕陵地宫的第一方案

唐山地革委文教局：

据国家文物事业管理局(75)文物字186号"拨东陵乾隆裕陵维修和地宫清理补助费二万元"的精神，已将该款拨给你们。同时，经省博物馆、文管处与文物保护技术研究所的同志到现场勘察了解，并与东陵文保所研究，提出了清理裕陵地宫的方案。国家文物事业管理局(75)文物字第294号文批复："同意所提清理东陵裕陵地宫的第一方案。在清理工程中，希注意对于文物和地宫建筑的保护。"

清理裕陵地宫第一方案：从明楼下边门洞内原墓道入口开始，将原有墓道砖清除，修砌阶梯逐步向下，然后顺坡道通墓门，可进入地宫。修砌2米宽的墓道与原墓道交接处，加铁门一副，以保安全。哑巴院墓道露明处，铺架予（应为"预"）制钢筋混凝土过梁和混凝土板，上边按原样铺砌城砖。地宫进口宽2米，外加铁栏杆；进口两侧各留1.05米宽的过道，以便上明楼和宝顶。

一九七五年十一月十日

抄报：省革委文教卫生办公室

抄送：省博物馆、文管处，遵化县革委文教局，东陵文保所因为工程量巨大，人手只有十来个人，清东陵文物保管所便开始了长达三年之久的裕陵地宫清理工作。这期间，因1976年7月28日发生了震惊世界的唐山大地震，清理工作被迫停止了将近一年。

时间很快就来到了1977年，清东陵文物保管所所长乔青山已经退休了，接替他的是新上任的马兰峪公社党委书记宁玉福。随着新领导的上任，一批新生力量来到了清东陵，笔者的父亲徐广源先生这时候正式调到了清东陵文物保管所，任现金出纳兼研究清史和管理文物库房。新的领导根据清东陵的实际情况，很快就组建了一个古建专业维修小组，并且对裕陵地宫重新开始了进一步的清理。

可以这样说，清理裕陵地宫的主要工作是宁玉福调到清东陵任所长后开始的。在这之前的工作，只是将地宫垃圾里的残存文物进行了清理，将隧道券里的砖拆出，运到了方城前的月台下。在宁玉福到任时，地宫里还保留着开启时的原状。徐广源曾参加了裕陵地宫隧道券内砌砖、灰土的外运工作和隧道券地面的清理工作。他回忆说：

> 从裕陵地宫隧道券里拆出来的大砖和灰土都临时堆在方城前的月台下。砖垛和灰堆比月台都高。每块大砖都沾满了石灰，每块大砖都有四五十斤，搬起来很吃力。这些砖和灰土都要运到陵的东墙外去。把东墙的原来的运料门扒开，这样就省了许多事。这些砖和灰土都是本所的干部、职工利用下班后晚饭前后的时间往外运的。采取的唯一方法就是用筐抬。两人一抬，每筐都有一百斤左右。所长和食堂的大师傅一齐

上阵，开放地宫的巨大喜悦鼓舞着每个人、激励着每一个人。大家干得可欢了，筐装不满不走，抬起来就是一溜小跑。当时保管所最膀大腰圆、最有力气的就数油漆工刘德宝和木工亢守学。他们俩一抬，在筐的上面又加了一个筐，一抬就是两筐。女职工一点也不示弱，和男职工一样干。许多职工的肩头都压肿了，磨破了，流血了，但他们不喊累不叫苦，继续干。因为是在晚上干，只有方城下有一盏汽灯照明，抬到墙外面都摸着黑。食堂管理员张福贺在墙外倒土时把手表不慎失落了，因当时天黑，没找着。第二天早晨找了半天也未找着。在1977年手表还是很贵重的物品，戴手表的人还不多。两三年后在清理墙外这些灰土时居然发现了这块手表。

　　隧道券地面的清理工作也全由保管所的职工干。隧道券的地面是用澄浆砖用干摆的方法立着砌的。因为整个隧道券原来都砌满了砖，所以地面上留下了许多石灰遗迹，要想达到开放的程度，必须将这些灰迹清除干净。所领导给每个职工分了任务，每人七行砖面积的任务。每天下班后，我们就在地宫里清除这些灰迹。别小看这活儿，干起来很不容易。一来不得待，因为是斜坡的，不能坐，不能蹲，只能跪着或身子得扭着干。二来，灰迹在砖上粘得很牢固，为了保护砖面不受损坏，不能用利器，还不能用力过大，得小心翼翼地干。所以这七行砖的面积干了好几天晚上才干完。每天干完都腰酸腿疼。但每个职工都心甘情愿，毫无怨言。在后来清理容妃地宫、纯惠皇贵妃地宫和慈禧陵地宫时，所有活儿也都是保管所的干部职工干的，从来没请过外人。当时保管所的干部、职工心往一处想，劲儿往一处使，因为心里痛快，也不觉得累。

清理地宫灰浆时，清东陵文物保管所的职工将灰浆用特制的木质工具铲起放进胶皮桶里，抬到地宫的外面，用水像淘米那样过滤，以求从中有所发现。俗话说"鱼过千层网，网网都有鱼"，尽管裕陵地宫被盗又多次被扫仓，但是总会留下些东西的。果不其然，经过细致的过滤，人们从灰浆中清理出了一批经过多次被盗后遗留下来的散碎遗物：

铜镀金佛一尊、残镀金铜锁八把、残铜爵一个、残玉镯一支、玉人一个、玉蝉一个、玉狮一个、玉兔一个、玉羊一个、玉鱼一个、玉葫芦一个、玉方坠一个、金鼻烟壶一个、累丝金龙（冠上佩饰）二条、金戒指一个、金耳环三副、金簪一支，还有残破的金花、金鹤、金桃、金花蝈蝈、宝石坠、珊瑚珠、青玉石珠、猫眼石以及大小不一的残破珍珠、宝石等。

裕陵地宫遗物玉器

裕陵地宫遗物簪子、耳环、戒指等

清理现场的会战

为了尽快地让这座世界级的精美地下宫殿和神秘地下王国公之于世,早日开放裕陵和裕陵地宫,让广大中外游人看到它的风采,仅二十多人的清东陵文物保管所全体干部、职工全力以赴投入了开放前的激战中。因此,根据职责和分工,人们做了以下主要工作。

(一)**修复棺椁**。裕陵地宫中残破的棺椁摆放散乱,棺床上棺床下都有。根据其散乱的样子,可以很明显地判断,裕陵地宫在经过溥仪派人重殓之后,又有人再次进入地宫,对地宫进行了又一次扫仓式偷盗。这种判断的根据有两个:

一是《东陵于役日记》记载：乾隆帝、后遗体重殓前后，都仔细打扫过棺床及地面，清理、修复棺椁，并重新摆放好。重殓尸骨时，用龙袍包裹尸骨，盖上棺盖。棺椁、尸骨清理完毕封闭地宫时，填砌隧道就用了八千斤石灰。郝省吾视察裕陵地宫重殓帝后遗骨后，在笔记中写道："除高宗覆以龙袍，尚具衣冠外，其余后妃，均以黄被束裹而已。"而实际看到的只是填砌了哑巴院影壁墙下的坑，隧道并未填砌，因此，致使文物工作者当初只想试探性地挖掘变成实质性发掘。

文物工作者进入地宫后发现，地宫内棺椁摆放很凌乱。地宫内有四口较为完整的内棺，正面棺床上有两口，棺床之下有两口，其中一个戳立着，另外一个则顶在石门上，这四口内棺均没有盖棺盖。清皇室重殓尸骨时所用的龙袍等物，地宫中均未见到。这些都与溥仪派来的善后人员所写的日记记载不符合，因此可以判断，后来又再次有人进入过裕陵地宫。

二是徐广源先生做社会调查时，曾经听说在新中国成立前不久的某年，从北京来人进入裕陵地宫，并从石门的上槛上取走一把宝剑，据说是古代的"镇铘剑"。

修复地宫棺椁时，由于木工师傅对清朝帝、后、妃的棺椁规制不了解，地宫内六具棺椁的外椁又都被破坏殆尽，因此，在修复帝、后、妃棺椁时，乾隆帝的内棺使用了皇贵妃级别的外椁，皇贵妃级别的内棺却使用了皇帝或者皇后级别的外椁。

清朝帝后的棺木一般为两层，里面那层称为"内棺"，外面那层称为"外椁"，均用楠木制成。其平头齐尾，两侧板直，椁盖向上斜坡，前端有一葫芦形木板，故又常称为"葫芦材"。棺木成形后，内棺周身涂以朱漆，雕有填金的藏文经咒和底饰纹样，外椁则漆饰四十九道，工序各有不同名目。每漆一道，同时另在一块木板上也漆一道，作为记录。待四十九道漆上完时，就根据该木板断面漆的层数、厚度来检验质量。漆饰完毕，还要进行一系列的加工。皇贵妃至嫔的棺木称"金棺"，漆饰的次数按等级递减；贵人以下的棺木称为"彩棺"，只涂朱漆。

裕陵地宫的帝后棺椁，虽然油饰了数十遍的漆，但未能禁受住一百多年地宫积水浸泡的腐蚀，许多棺椁都已经糟朽了，虽然经过木工师傅耐心细致的拼接，但也只是装成了三具外椁，里面套有内棺。另一个内棺外面未能套上外椁，陈放在西侧的垂手宝床上。

棺椁修复完后，因为棺椁内只是一些遗骨，也没有其他的遗物，所以也就没有移动和清理，始终放在原来各自的内棺中。所以直到现在，乾隆帝和他的后妃们的遗骨依然躺在裕陵地宫的棺椁中，没有丝毫移动。不过可惜的是，工作人员当时没有清理乾隆帝的内棺，查看有无遗存文物；也没有核对他的牙齿是否是三十六颗；更没有拍下当时地宫清理前后的相关照片。

由于当时要在地宫办一个出土文物展览，清东陵文物保管所领导决定将乾隆帝的棺椁依旧摆放在它应有的位置上；而位于乾隆帝棺椁之右一（西一）的孝仪纯皇后棺椁则被移到了棺床最西端的哲悯皇贵妃的棺椁位置上，棺椁上放有一块写有"哲悯皇贵妃"的立牌；位于乾隆帝棺椁之左一（东一）的占据孝贤纯皇后棺椁位置的棺椁，则被移到了最东端的慧贤皇贵妃的棺椁位置上，棺椁之上放有一块写有"慧贤皇贵妃"的立牌。也就是说，标注

裕陵地宫棺椁

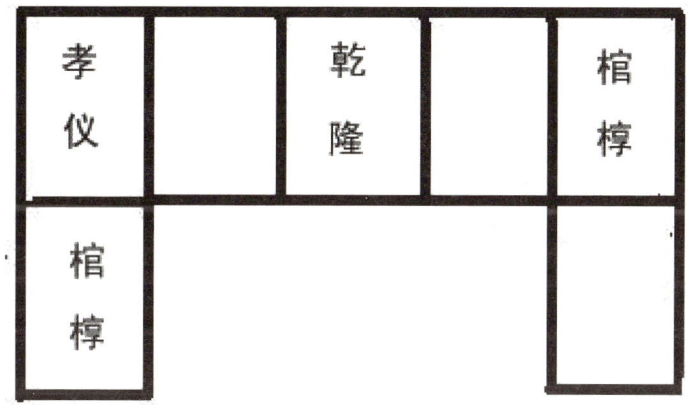

裕陵地宫开放时椁摆放位置

是"哲悯皇贵妃"的棺椁内，实际上装殓着孝仪纯皇后的遗骨；那具标注是"慧贤皇贵妃"的棺椁，内棺里面是空的。于是，乾隆帝棺椁之左一（东一）的孝贤纯皇后棺椁位置和乾隆帝之右一（西一）的孝仪纯皇后棺椁位置都被空了出来。这两个被空出来的位置，分别摆放上了一个地宫出土文物展览橱玻璃柜。后来，展览撤了之后，又恢复了棺椁的本来位置。

值得注意的是，现在那具标注是"哲悯皇贵妃"的棺椁内，实际上装殓着孝仪纯皇后的遗骨；那具标注是"慧贤皇贵妃"的棺椁，与标注是"淑嘉皇贵妃"的棺椁一样，内棺里面都是空的。

（二）黏结石门。孙殿英盗裕陵地宫时，因第四道石门后面顶着一口巨大的沉重的棺椁而无法打开，气急败坏的匪徒用炸药炸坏石门才得以进入。溥仪派人重殓尸骨时，出于安全的考虑，将炸坏的东扇石门平面放倒。东扇石门只有上门轴有残坏，其他部位均完好。西扇石门则被炸成多块，瓦工赵福禄师傅经过仔细拼接，用水泥黏接上，并把残缺的部分——菩萨双脚下的海水江崖也填补上了。因为石门已坏，只能摆放在金券两侧的棺床上，并用斜坡木架将石门架起，以便游人观赏。淑嘉皇贵妃的金

裕陵地宫第四道石门西扇石门上的普贤菩萨

棺本来应该南北方向放置在西侧垂手棺床上，但因西侧垂手棺床上摆放了黏好的石门，所以淑嘉皇贵妃的内棺只能改为东西方向摆放。当年盗陵匪徒在炸第四道石门时，不仅炸坏了石门，也将第四道石门的下门槛的西半部分炸坏了，门槛附近的地面铺石也炸坏了。这次维修地宫时，用水泥修补好了石门槛。

后来，由于石门受力不均，水泥粘的石门再次断裂。最好应该上报，申请将断裂石门用现代新型黏合剂修复，以免造成不必要的更大损坏。

（三）地宫排水。由于地宫下面没有设龙须沟，所以每到雨季的时候，地宫里有很多的积水，只有到秋冬季节的时候，积水才会慢慢地渗走。这不但对地宫的棺椁以及地宫的安全和防护不利，同样也不便于地宫的开放。经过多次商量，最后决定在地宫内打一眼竖向的积水井，并且挖一条通向地宫各券的暗沟，以使地宫所有渗水流到积水井里，再用潜水泵统一排出地宫。

积水井的位置选定在砖隧道斜坡地面靠西墙的最下头，与闪当券石地面相接。井深四米左右，然后在地宫地面铺石下的夯土层下向北的方向，挖了一条平向的暗沟，使之一直通到金券内，每隔一段距离，就把夯土层打通一个孔，以便通过小孔把地面积水流到平向的沟中，再流进积水井里。清陵学者徐广源曾钻进积水井、平向地沟观看：平向地沟长约二十米，人在里面干活，只能猫着腰或蹲着，十分吃力。实践证明，这是一个十分成功的方法，直到现在还在使用。

（四）安装照明。地宫进深五十四米，里面黑漆漆的，所以照明也就成为地宫需要添加的主要设施之一。

为了保障安全、保护文物，同时也不影响观赏地宫图案和经文，特请中国人民解放军驻遵化捣药口军用机场部队的解放军电工安装照明设备。电线被隐藏在石缝里，外面抹上灰，表面上一点也看不出来。

（五）设计地宫入口。本来地宫的真正入口在方城的隧道

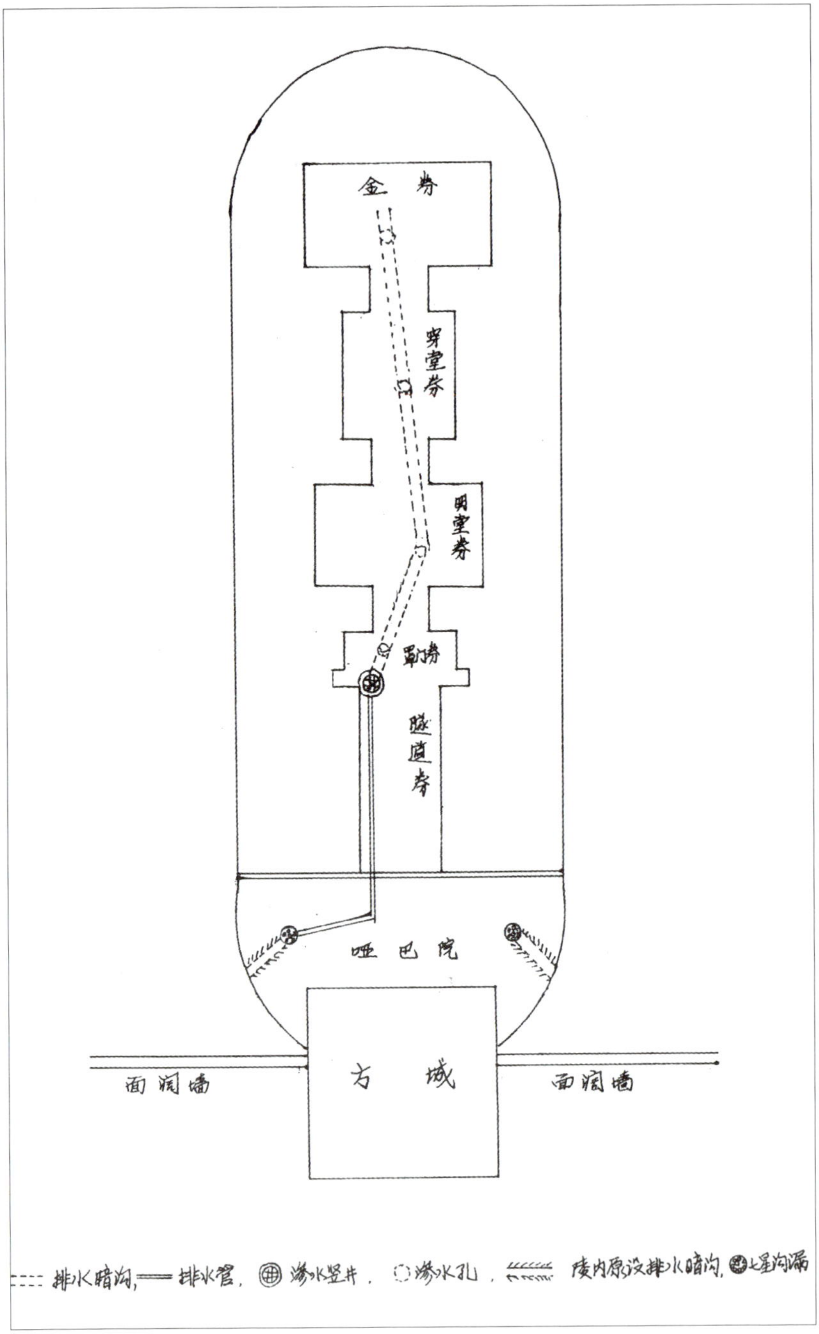

清理后新设的清裕陵地宫排水系统平面示意图（绘图 徐广源）

裕陵方城隧道券及地宫入口

券,即当地人所说的古洞门内。哑巴院北墙的琉璃影壁以南部分的斜坡墓道上方没有券砖,在棺椁入葬前是露天的,上面建有称为"穿堂"的小房子,以避免雨水落入墓道里。棺椁入葬后,把地宫隧道券内和这段露天部分全部用砖砌实。哑巴院部分的地面上建成神路。

这次清理,把露天部分的墓道全部挖开了。清理好之后,在这部分的上面用预制的巨大水泥板棚架起来,在上面恢复好神路和地面墁砖。方城古洞门内部分地面用条石铺墁,与古洞门其他部分地面保持一致。为了既能进入地宫,又能进入哑巴院,在地宫入口的两旁各留出了一米多宽的人行道,从此道可以进入哑巴院。入口处修筑了台阶,并且在入口处的东、西、北三面安设了铁栏杆。在方城的隧道券北口恢复了原来的隔扇门和月牙窗。

(六)**准备文字材料**。地宫开放要有三级文字说明,即整个陵寝的说明、地宫的说明和单体建筑的说明。对于地宫来说，每座券堂都要有说明。宁所长决定在清理地宫的同时，积极做文字方面的准备，派专门负责陵寝研究的徐广源和高福柱两位同志到北京故宫等单位寻找有关裕陵的史料。当时出门很麻烦，与现在大不一样。一是交通不方便，需要到十里外的马兰峪去乘车，全天只有一趟车；二是在外面吃饭要用全国通用粮票或北京当地粮票。这两种粮票都很难找到。他们二人勉强凑了半个月的粮票，带着清东陵文物保管所的介绍信，于1977年9月踏上了去北京的路。在北京故宫，他们受到了热情的接待和全力的帮助。现在的中国第一历史档案馆在当时还是故宫的一个部门，称"明清档案部"。他们两人以故宫为主，又到当时还叫"北京图书馆"的国家图书馆、中国社会科学院图书馆、中国佛教协会等单位查找史料，工作十分紧张、辛苦。他们当时住在北京和平里大街，距离设在故宫西华门内的明清档案部比较远。为了能多抄点东西，

裕陵外景（老照片）

他们每天要提前坐车，必须赶在档案部上班前就到那里。为了抓紧时间，也是为了节约经费，他们早晚大部分吃的是面包、馒头。在周末和节假日，他们俩从不逛公园，也不去商场，仍是到图书馆查阅资料。就是靠这样的工作方式，历经三个月的时间，他们就像大海捞针一样，从浩如烟海的档案、历史文献中抄写了二十多万字的档案材料，基本获得了裕陵开放所需要的史料内容。他们于当年12月回到了清东陵。回来后，又马不停蹄地投入编写文字说明，制作、书写说明牌的工作中去。

（七）维修陵寝。除了清理地宫和文字档案的准备，要开放地宫，必须同时开放裕陵地面建筑。在开放前，裕陵地面的几十座建筑十分残破，屋顶渗漏，瓦件不全，石活走闪残缺，门窗隔扇全无，地面垃圾、瓦砾成堆，蒿草遍地，一片荒败凄凉的景象。维修清理任务十分繁重。而维修经费和木材又奇缺。没钱就向上级要，向其他单位借；没木材就利用各种关系向友好单位找。裕陵三殿的门窗隔扇窗槛全部是六角菱花形式，这是皇家等级的最高形式，工艺十分复杂。清东陵文物保管所刚刚成立的古建队的木工们不用说打制，就连看都没有看过。于是他们就去故宫参观，拍了照片，又找来曾做过这种门窗的马兰峪镇老木工师傅田友，拜他为师，虚心请教。他们硬是在很短的时间内，将裕陵隆恩殿和东西配殿的三十六扇隔扇和二十四扇窗全部做完，并安装完毕。十九座大小建的揭瓦头停、更换椽飞、夹帮捉节、石活归安、油漆彩画全部由这支年轻的东陵古建队完成，没请一个外工。陵院内外的垃圾杂草完全由保管所的干部、职工利用班前班后的个人时间完成。那时早饭前早战，晚饭前晚战，晚饭后夜战成了定制，每人一副套袖、一把铁锹成了必备之物。到时间点了，不用等领导招呼就主动投入战斗。在最初的两年里，这些劳动完全是无偿的。后来每个夜战补给二角钱。在复建裕陵的东西值班房时，用的是下班后时间，小工完全是本所职工。在那时，大家都有一个共同的奋斗目标，为了裕陵的开放，为了清东陵的发展，干部、职工劲儿往一处使，摽着膀子干，大家有使不完的劲儿，工作效率非常高。经过激战，开放前的一系列准备工作，在1977年年底全部完成。

依然迷雾重重

裕陵地宫距今为止尽管开放四十多年了，但依然迷雾重重，有许多难解之谜。

（一）两根石柱何时顶。1975年清东陵文物保管所开启地宫时发现，地宫的第一道石门有两根四方形的石柱支顶着上面的门楼。这两根石柱是在什么时候支顶的？估计有三种可能：

一是1928年溥仪所派的负责东陵善后和重葬事宜的人员支顶的。

据查当年参加重殓人的日记和报告记载，都未提到支顶石柱的事。支顶石柱是一件非常大的工程，非一日所能完成。如果真的是这些人支顶的，在日记和报告中不可能都只字不提。所以说这种可能性被排除。

二是孙殿英匪兵支顶的。

孙殿英匪军盗掘东陵，是为了破坏而绝不是为了保护东陵。

裕陵地宫第一道石门原始支顶的两个石柱子

又是在秘密情况下进行的，况且只有短短的几天时间，在这几天内他如果什么也不干，只做支顶石门这个活儿都还难以干完。这些匪兵是为了盗珍宝，能支顶石门吗？他们能为了支顶石门什么也不干吗？所以这种情况也不太可能。

三是清朝的嘉庆朝支顶的。

这种可能性最大，即在乾隆帝入葬以后到地宫隧首填砌之前这段时间内支顶的。因为在这之前支顶石柱，这两柱之间只有一点零三米，而乾隆帝的棺椁就宽一点五四米，还不用说棺椁下还有龙辋车——那是根本不能从两柱间通过的。通过查找清宫档案发现，在嘉庆四年（1799）七月乾隆帝入葬前，修建裕陵地宫隧道工程的大臣绵课在计划筑打夯土时发现"头层石门之上横安石槛已见有裂缝斜纹两道"，如果筑打夯土，不仅惊扰了已入葬的后妃，更会怕因强烈震动而引发不堪设想的严重后果。为此奏请皇帝，将筑打夯土改为用砖铺砌，即现在人们所见到的样子。按道理讲，石门上槛出现裂缝，嘉庆帝既然已经知道了就不会不管，可是嘉庆帝在接到绵课的奏折后是这样批示的："绵课等奏裕陵隧道筑打灰土，窒碍难行，敬拟改用砖砌一折，览奏俱悉。隧道地基上一段在宝城以外，下一段在宝城以内。绵课等以城外者尚可施工，城内者相去宝城甚近，声势震响，于心不安，请按照须用灰土之薄厚改用砖砌，质地坚厚更为得力等语。所虑亦是，即著照所奏，敬谨办理。现距奉安之期为时不远，并当上紧施工，讲求尽善，不可屡次更张，总期万全而昭慎重。"

嘉庆帝对于绵课所提的"头层石门之上横安石槛已见有裂缝斜纹两道"竟然连理都未理。为什么会这样呢？据笔者猜测，嘉庆帝之所以着急隧道地面工期，就是想抓紧时间奉安乾隆帝棺椁，然后考虑石门上槛裂缝的补救方法。只不过这种想法不便与他人说。因此，这两根石柱只能是乾隆帝入葬后、地宫封闭前支顶的。

1989年，裕陵的工作人员发现第一道石门内侧上槛也出现了裂缝，并且第二道石门、第三道石门上槛同样出现类似情况，为了防止裂缝继续扩大，于是由清东陵文物管理处古建队负责，在第一道石门内侧支顶两根方形石柱，又在第二道石门、第三道石门各支顶四根方形石柱，总共支顶十根石柱。也就是说，目前裕

裕陵地宫第二道石门支上石柱后的外景

陵地宫内除了第四道石门没有支顶石柱子，其他三道石门处都支顶上了，每道石门支顶四根，总共有十二根石柱子。

（二）金券歪斜。当人们站在地宫里，向金券内观望时会发现最后的金券竟是歪斜的。位于金券正中的乾隆皇帝的棺椁未在地宫的纵向中轴线上，而偏向了西南—东北方向。会不会是视觉发生了偏差，看错了？不是的。事实上，第三门洞券和金券的方向与前七券确实不一致。经实地测量，第三门洞券和金券的方向与前七券的纵向轴线方向形成了一个十度的夹角，第三门洞券水平面不是九十度四边形，而是四边菱形。这又是为什么呢？

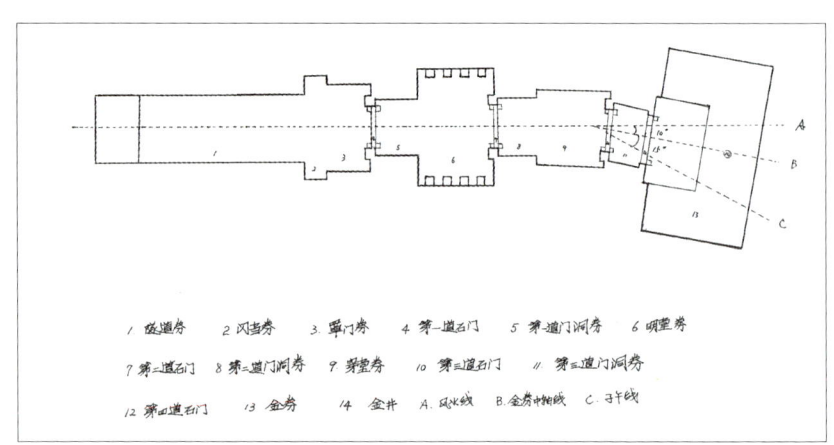

裕陵地宫平面图（绘图　徐广源）

有人解释说，地宫前七券的方向是风水线，第三门洞券和金券的方向是子午线。所谓"风水线"，就是陵寝所朝对的方向，是地面建筑的纵向中轴线方向。所谓"子午线"就是正南正北方向。这种解释听起来似乎颇有道理。经过实测，前七券确实是风水线，与地面建筑的方向一致。但第三门洞券和金券方向并非子午线，与子午线相差十五度。如此看来，这种风水线、子午线的解释是不正确的。

也许有人认为，这肯定是地宫施工时的失误，在开槽时把金券挖歪了。这是不可能的。在封建社会，皇陵工程是国家第一流重点工程，被称为"钦工"，而地宫又是陵工中最重要、最关键的部位，岂容有丝毫的疏忽和误差。在测量仪器、测量技术相对落后的时代，在数千米的建筑序列上，出现一些误差，发生一点歪斜，是可能的，也是可以理解的。但在只有五十四米长的地宫中出现用肉眼都可以明显看出的十五度的误差，则是不可能的。再者，地宫里的所有石雕刻都是提前在样坑中雕刻好，并将各石块编好号码，从样坑中拆卸出来，然后按序号砌到地宫中去。如果地宫的槽挖歪了，出现了失误，这些编好号码的石块在往地宫里安砌时，就不会衔接合缝，图案就会错乱变形。根据现场观察，裕陵地宫各券石块不但安砌得十分整齐、严密，而且图案、文字毫无错乱走形之处。这说明金券歪斜不是工程失误，而是特意设计的。

那么，究竟是什么原因致使地宫金券歪斜呢？

对于这个问题，笔者经过查档案并研究后认为：乾隆帝的裕陵用了两个方向，即地面建筑和地宫内的前八个券用的是亥巳兼壬丙三分方向；而金券则用的是壬山丙向兼亥巳丁巳分金方向，这两个方向的夹角是十度。这在风水学理论中是可以找到依据的。《灵诚精义》中记载："凡葬法得金井与门户为一向，乃正法也。有如外就堂气，则先到之砂水不可不收，聚会之堂气不可不纳，此众口以为必然者。却与龙法之生向不合，则当以天星卦气为主，作内外二向。假如亥龙宜作巽向，外面砂水又宜作巳向，则内用巽向以乘生气，外用巳向以接堂气，亦何嫌于作两向也！"裕陵的外向，即是裕陵地面建筑的中轴线方向，以金星山为朝山。金星山是顺治帝的孝陵朝山。裕陵以后的道光帝的宝华裕陵寝、同治帝的惠陵皆以金星山为朝山，这充分表明了金星山确实是朝山的最佳选择。裕陵以金星山为朝山，则说明在清东陵境内，裕陵选用了地面上（外向）的最佳方向。如果金券的方向朝顺时针方向扭转十度，即现在这个方位，为壬山丙向兼亥巳丁巳分金方向，则"脉气最盛"。这个方向（壬山丙向兼亥巳丁巳分金方向）从地面上看，裕陵背后正好对一山峰，而这一山峰的两侧各有一个

裕陵山向（可以遥看裕陵的风水）

稍微低矮的山峰，左右对称，形成风水学中所常说的"左辅右弼"之势。这样，裕陵就将地上、地下的最佳方向都用上了，即裕陵地面建筑和地宫前七券的方向是对着金星山，地宫第三道门洞券和金券的方向是对着后靠山。也就是说，金井的位置正在后靠山的吉向上。

清宫档案《建筑工程·陵寝坛庙》也记载裕陵地宫与地面建筑用了两个方向，但未讲明其中的原因。其实，顺治帝的孝陵也有此现象，即地宫与地面建筑用了两个方向。

（三）顶门石丢失。裕陵地宫有四道石门，就应有四个顶门的自来石。可是现在裕陵地宫里只有两个残缺的自来石，数量上少了两个。工作人员在清理裕陵地宫垃圾时，也未发现有破碎的顶门石；孙殿英等盗匪也不会对此感兴趣。那么，缺少的两根顶门石去哪里了呢？真是令人百思不得其解。

（四）地宫渗水。1928年孙殿英盗陵之后，清逊帝溥仪派人到东陵处理善后事宜时，发现裕陵地宫存有大量的积水，作为随员的徐榕生在日记中写道："初八日，早晴。仍在裕陵监工，午间隧道已通。植携志叔壬至石门察看，见门内水深四尺余。"裕陵地宫清理后，从墙上的水痕看，地宫里的水最深的时候达到过六七尺。自地宫开放以来，每到阴雨连绵的夏季，地宫中都会有大量的渗水。档案记载，在乾隆十七年（1752）孝贤纯皇后入葬前就曾发现地宫出现渗水，乾隆帝命令有关大臣采取紧急措施进行了补救，效果不错，很快将渗水排出，并且直到嘉庆四年（1799）九月十五日乾隆帝入葬裕陵地宫的四十七年时间里，地宫中也没有出现渗水。为什么在1928年或在这之前就出现了渗水？

裕陵地宫三道石门向里看乾隆帝棺椁

（五）**棺椁脱离棺床**。前面已经讲了，裕陵地宫的每具棺椁的四角都用巨大的龙山石牢牢地固定在棺床上。那么，龙山石为什么没有固定住乾隆帝的棺椁呢？

（六）**棺椁顶住石门**。我们知道乾隆帝的棺椁移下了棺床。巨大的棺椁能从棺床上下来，说明有一个巨大的推动力。目前看，这个推力肯定是来自地宫内的积水，地宫里的积水是从地宫地面石缝中冒出来的，不是从墙壁上的洞喷出来的。这样整个地宫的水面会慢慢平稳地往上升，不会形成水平方向的冲力。棺椁只能向上浮起，不会向某一个方向移动。积水下降消失时也是从石缝中渗走，不会流出地宫之外，所以水流对棺椁也不会产生冲力。即使孙殿英盗匪抽地宫积水会产生水流令棺椁顶住石门，地宫重殓之后石门关闭，没有人抽积水，但为什么棺椁还会顶住第三道石门呢？目前来看，乾隆帝棺椁顶住石门尚未有合理的解释。

（七）宝剑之谜。清陵学者徐广源先生做社会调查时曾听说，裕陵被盗不久，从北京来了几个人，进入裕陵地宫，从石门的上槛上取走一把宝剑，据说是古代的"镇铘剑"。这个说法很让人生疑，如果这把名剑是随葬品的话，为什么不放入棺内却放在门的上门槛之上？可是提供这条信息的人在新中国成立前一直活动在东陵这一带，是个东陵通，他提供的许多东陵的情况都得到了印证，大多证明是正确的。而宝剑这件事，这个人向徐广源先生讲了几次，又说得十分真切，不容置疑。但将古代名剑放在上门槛上又有些让人难以相信。对于这件事情，目前仍无法证实真假。

（八）龙山石开裂。通过清理裕陵地宫，人们惊奇地发现，

裕陵地宫卡棺石

孝贤纯皇后棺椁东南角的龙山石

孝贤纯皇后东南角的龙山石整个是开裂的，是用三个大铁锔子连在一起的。这三个铁锔子锈蚀得极为严重。这个龙山石为什么是开裂的？这三个铁锔子又是什么时候锔上的？东陵文物保管所没锔，孙殿英和溥仪派的善后安葬人员不会锔，难道是孝贤纯皇后在乾隆十七年（1752）入葬前锔的？皇家能够有这么大的工程失误而隐瞒不报吗？这是欺君之罪。目前，孝贤纯皇后的这块龙山石铁锔子，已成不解之谜。

第九章
拨开历史迷雾

裕陵地宫的开启，使人们得以第一次清晰地解读清朝帝陵地宫的构造和奥秘。作为修建于"康乾盛世"时期的乾隆帝裕陵地宫，其石壁上布满的佛像和藏、梵两种文字的经文，都极大地吸引着现在的人们。裕陵地宫会不会通过这些雕刻，暗示、隐藏着大清帝国的某种秘密……

神秘的亡灵世界

地宫，又称为"玄宫""幽宫穴""地下宫殿"，是古代放置帝王、后妃棺木的地下墓室，是陵寝建筑中最为重要的地方。清陵地宫规制按照墓主人的身份、地位可分为六种类型。

第一种为皇帝型地宫。由九券四门组成，这九个券由外向内依次为隧道券、闪当券、罩门券、第一道门洞券、明堂券、第二道门洞券、穿堂券、第三道门洞券、金券。九券中，明堂券和金券是南北方向的，其他七券均为东西方向。前两券为砖券，后七券均为石券。地宫的建筑多利用块料，如砖、石等之间的侧压力，建成跨空的弧形砌体"拱券"，使其能够代替梁柱承受上方的重量。石门上雕刻八大菩萨。有一特例，道光帝的慕陵地宫为四券二门式，这四券依次是隧道券、罩门券、门洞券、金券。

第二种为皇后型地宫。由五券二门组成，即隧道券、闪当券、罩门券、门洞券和金券。前两券为砖券，后三券为石券。两道石门的门扇上刻衔环铺首，无菩萨像雕刻。也有特例，昌西陵（清仁宗嘉庆帝的孝和睿皇后的陵墓）和慕东陵（道光帝的孝静成皇后和十六位妃嫔的陵墓）地宫规制缩减，裁撤了隧道券、闪当券，将第二道石门券改为梓券。梓券就是一个拱券式门口，无门扇，作为门洞券与金券之间的过渡空间。这两座陵地宫的规制缩减与地面建筑规制缩减的理由一样，是因为当时国家财政十分困难。清朝皇后型地宫内一般无佛像经文等石雕刻，但乾隆帝生母孝圣宪皇后的泰东陵地宫内有雕刻，属特例。

第三种为皇贵妃型地宫。由四券一门组成，即罩门券、门洞券、石门、梓券、金券，地宫内无石雕刻。地面建筑有方城、明楼。景陵皇贵妃园寝、裕陵妃园寝纯惠皇贵妃地宫都属于这种类型。

第四种为妃型地宫。由三券一门组成，即罩门券、石门、梓券、金券。除罩门券为砖券外，其余均为石券。这种类型地宫使用范围较多，皇贵妃、贵妃、妃均有。

第五种为嫔型地宫。由墓道和砖券组成，墓室入口处只有一道砖券，无石门，棺床也是用砖砌的。墓主人入葬后，在墓室前砌挡券墙一道，将墓室与墓道隔离，以此封闭地宫。其使用者大多为嫔和贵人。

第六种为常在型地宫。墓室为砖池式。砖池，也叫"天落池""天罗池"，就是用砖砌成的长方形池子。个别的也有用条石砌成的。入葬时，棺椁从池口垂直落下，盖上砌石，成砌月台，上建宝顶。常在、答应、格格等低级嫔御的地宫都是这种类型。

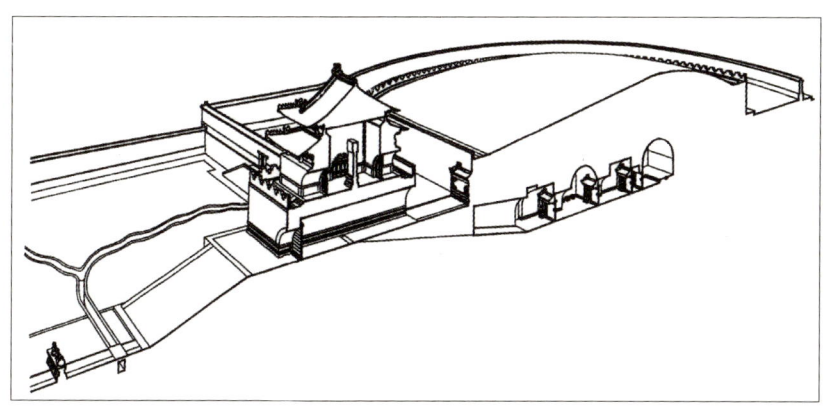

裕陵地宫透视图（绘图　王其亨）

乾隆帝的裕陵地宫是标准的"九券四门"形式。进深五十四米，落空面积三百七十二平方米。无论是墙壁还是券顶，以及石门的前面后面都有佛教内容的石雕图案，内容虽多但不繁乱。从雕刻的内容看，石门上有亭亭玉立的八大菩萨，墙壁上刻有威风凛凛的四大天王，券顶上有姿态各异的五方佛、三十五佛、宝塔等，平水面墙上有五欲供、狮子，宝珠月光石上雕刻有轮、螺、伞、盖、花、罐（瓶）、鱼、肠（长）八宝图案，门垛、墙壁、石门背面等处用梵文和藏文刻有大量佛经和咒语。从雕刻的手法上看，采用了高浮雕、浅浮雕和阴刻三种方法，并且不同的图案、不同的部位采用不同的手法。例如，石门上的八大菩萨和第一道门洞两壁上的四大天王，因处于最显著的部位，给人以进入地宫的第一印象，所以采用的是立体感极强的高浮雕手法，这种雕刻手法使图案形象逼真，栩栩如生，让人感觉威慑震撼。而一般的装饰性图案，如八宝、狮子、塔等则是用浅浮雕的方法，起到衬托和精神威慑作用的梵文和藏文则采用阴刻的手法。这些既巧妙又很有艺术性的处理方法，使得整座地宫的图案主次分明，层次感极强。

据天津大学建筑学院王其亨教授研究，裕陵地宫里的雕刻图案是先雕好后才砌进地宫的。裕陵地宫的全部券石均为预制。在地宫大槽附近先刨挖一个尺度比地宫略大的土坑，称为"样券坑"，用旧样城砖按地宫券形砌成曲面下凹的券坑，称"样制券"。券两端的垂直墙部分用砖砌好，整个样制券实际上就是地宫拱券的一个阴模，其内轮廓尺寸正与石券外轮廓尺寸相同。券石预制成型，在样制券内砌好后，进行画样雕刻，每块券石上编写好号码，拆出，再砌到地宫槽内。这是一项特别复

在裕陵地宫的隧道券看第一道石门门楼

杂细致的工程，不能有丝毫差错，否则地宫内雕刻的图案文字就无法拼接上，会造成错乱。

裕陵地宫第一道、第三道石门的门楼，都是用整块青白石雕琢而成的，出檐瓦垄，兽吻横梁，雕刻得十分精致。门楼上方的半圆形的月光石上，雕有佛像、执壶、孔雀翎、海螺等吉祥器物。地宫四道石门上浮雕有八大菩萨的立像，每扇石门均高三米、宽一点五米、厚零点一九米，由整块青白石制成，重达六千余斤。但由于巧妙的设计，每扇门的厚度不是平均的，门轴那边厚，门外边薄，这样的设计就减轻了对上门轴的拉力。门扇的上方安有一万多斤重的长条四方形的铜管扇，使得沉重的石门在运转时灵活自如。

门上所雕刻的菩萨立像均为女性，身高一点五米左右，体态异常优美。头戴莲花佛冠，梳着高高的发髻，长发披肩，两耳佩环，袒胸露臂，身穿羊肠大裙。身佩璎珞垂珠，肩披随风飞舞的长巾，双手掐西番莲，在莲花上承托着法器。她们赤着双脚，亭亭玉立于芙蓉之上，肌体丰满，神态自若。既恬静又温纯，宛如游春的

裕陵地宫石门关闭

裕陵地宫第二道石门西扇
（摄于1980年7月8日）

少女，脉脉含情，楚楚动人。背光处装饰着珠文、蔓草，四周边缘布以卷云纹。菩萨脚下，水波涟漪，芙蓉怒放，活灵活现，生动逼真，仔细观之似有香气迎面扑来。

第一道石门：其东扇上雕刻着代表大智的文殊菩萨，右肩花上托着宝剑，能断除烦恼，左肩花上托着经卷，可使众生增长智慧。西扇上雕刻的是代表大力的大势至菩萨，其右肩花上托着降魔杵，能驱散邪恶，左肩花上托着法铃，可传播法音。

第二道石门：其东扇上雕刻着代表大慈大悲的观世音菩萨，右肩花上托着的念珠象征着佛诸无量。其西扇上雕刻的是代表大愿的地藏王菩萨，右肩花上托着的画卷，能满足众生无边之善愿。

第三道石门：其东扇上雕刻着除盖障菩萨，右肩花上托着的太阳，象征着光明。其西扇上雕刻的是虚空藏菩萨，其右肩花上托着的月牙儿，象征着清凉。

第四道石门：其东扇上雕刻着代表大富贵的慈氏菩萨，右肩花上托着的法轮，象征着勇于进取，誓不退转。其西扇上雕刻的是代表大行的普贤菩萨，右肩花上托着的法杵，能降服众妖魔鬼怪，成就一切善愿。

在地宫中，明堂券和金券的月光石内都雕刻有"八宝"图案，其顺序分别是：螺、轮、伞、结、盖、鱼、瓶、花。这些"八宝"图案是佛前供奉的器具，藏文名字称为"八吉祥相"，或"八宝"，象征着吉祥如意。螺称"法螺"，佛说具菩萨果、妙音吉祥之谓召唤天神；轮称"法轮"，佛说大法圆转、万劫不息之谓誓不退转；伞称"宝伞"，佛说张弛自如、曲覆众生之谓慈荫众生；盖称"白盖"，佛说遍覆三千、净一切药之谓庄严佛土；花称"莲花",佛说出五浊世、无所染着之谓清净无染;瓶称"宝瓶",佛说福智圆满、具备无漏之谓甘露清凉;鱼称"金鱼",佛说坚固活泼、解除环劫之谓福德有余;结称"盘长",佛说回环贯彻、一切通明之谓吉祥如意。八宝虽为佛前供品,因其寓意吉祥,所以在家具、器具、服饰上也广为应用,只不过一般习惯排列顺序为:轮、螺、伞、盖、花、罐(瓶)、鱼、长(结)。

裕陵地宫明堂券月光石上的八宝等图案

裕陵地宫金券东壁月光石上佛像三面的八宝

在地宫的第一道门洞券内东西石壁上,雕刻有四大天王,也叫作"四大金刚"。"金刚"是梵文(古印度文)的意译,金中最刚之义,用以譬喻牢固、锐利、能摧毁一切的意思。如说般若为金刚,一般为"金刚力士"之略称,即执金刚杵(杵为古印度武器)守护佛法的二天神(俗称"哼哈二将")。金刚塑像常安置于寺院山门左右,左为秘密执金刚,右为那罗延金刚。塑像多裸出全身,缠衣裳于腰部,怒目做勇猛之相。将四天王称为"四大金刚"是一种通俗叫法,《封神演义》中便用此说。其实,"天王"与"金刚"在佛教词解里是不同的。古印度神话中说须弥山山腹中有欲界六天,其中第一天为四天王。佛教也采用其说,四天王为释迦牟尼的外将,他们各居须弥山的一方,护持着东西南北各自天下,因此称"护世四天王"。

裕陵地宫西侧石壁上的南方增长天王(左)和东方持国天王(右)

裕陵地宫东侧石壁上的北方多闻天王(左)和西方广目天王(右)

门洞西侧雕的两位天王，居北的是东方持国天王，名叫"多罗吒"，住在须弥山的黄金埵，其为乐神领袖，故以琵琶为法器，护持着东方的国土，身穿白色盔甲，颜色于石雕上不显。居南的是南方增长天王，名叫"毗琉璃"，身穿青色，住须弥山的琉璃埵，他能使人的善根增长，手持宝剑为法器，护持着南方的国土。门洞东壁上雕刻的两位天王，居南的是西方广目天王，名叫"毗留博叉"，身穿红色盔甲，居于须弥山的白银埵，为龙群的领袖，右手托宝塔，左手缠绕一水蛇为法器，护持着西方国土。居北的是北方多闻天王，名叫"毗沙门"，身穿绿色，住在须弥山的水晶埵，他的福德名闻四方，右手持伞，左手握吐宝银鼠为法器，护持着北方的国土。四位天王手持的法器，谐音吉祥之意。南方增长天王的宝剑舞动生"风"，东方持国天王的琵琶谐音"调"，北方多闻天王的宝伞遮风挡"雨"，西方广目天王手握水蛇降服归"顺"，连在一起为"风调雨顺"，正好满足日常人们追求美好生活的愿望。

裕陵地宫明堂券东侧册宝座

在明堂券里，靠东西两侧墙根下各有四个须弥座形的方形小石墩，叫"册宝座"，是放置帝后册宝箱用的。东边的陈放谥册，西边的陈放谥宝。以北为上。第一组册宝是乾隆帝的。第二组是孝贤纯皇后的初上册宝，即孝贤纯皇后在乾隆十七年入葬地宫时放入的那组册宝，宝文是"孝贤皇后之宝"。第三组是孝贤纯皇后的新上册宝，即乾隆帝死后，嘉庆帝给孝贤纯皇后谥号增加十个字以后的新谥号册宝。第四组是孝仪纯皇后的册宝。

清制：皇帝和皇后死后，谥册宝有三种。一种是供放到太庙用的册宝，用玉制造，所以也称"玉册""玉宝"；一种是在上谥典礼上供宣读的册宝，因为是用绢纸之类的物品做的，所以也称"绢册""绢宝"。一种是放入陵寝地宫里的，因为是用檀香木制作的，所以也称"香册""香宝"。皇贵妃死后虽然也有谥号，但地宫内不陈放她们的册宝。册宝座的位置在不同的陵寝也不一

裕陵地宫明堂券券东侧顶上的五方佛

样。裕陵的册宝座放在明堂券内东西两侧。慈禧陵和光绪帝的崇陵，册宝座放在金券东西两侧。

在明堂券的券顶，雕刻着五尊佛像，称之为"五方佛"。东方阿閦佛，由成大圆镜智，亦名"金刚智"；南方宝生佛，由成平导性智，亦名"灌顶智"；西方阿弥陀佛，由成妙观察智，亦名"莲花智"，亦名"转法轮智"；北方不空成就佛，象征"成所作智"，亦名"羯磨智"；中方毗卢遮那佛，由成法界智。"五方佛"占据五方，各显示出不同的智慧，代表着东、南、西、北、中五个方向。在中间的毗卢遮那佛像的周围还雕刻了八个小佛像，为三十五佛部分。这些佛像都雕刻得神态自若，法相庄严。

在穿堂券顶还雕刻着排列成行、神态各异的二十四尊佛像，为三十五佛部分。这些佛像均为坐姿，表面上似乎都一样，但仔细一看，他们的手相各异，在每尊像的旁边都刻有几个藏字，周围装饰着法轮、火珠、宝杵、莲花，显得格外庄严、肃穆。

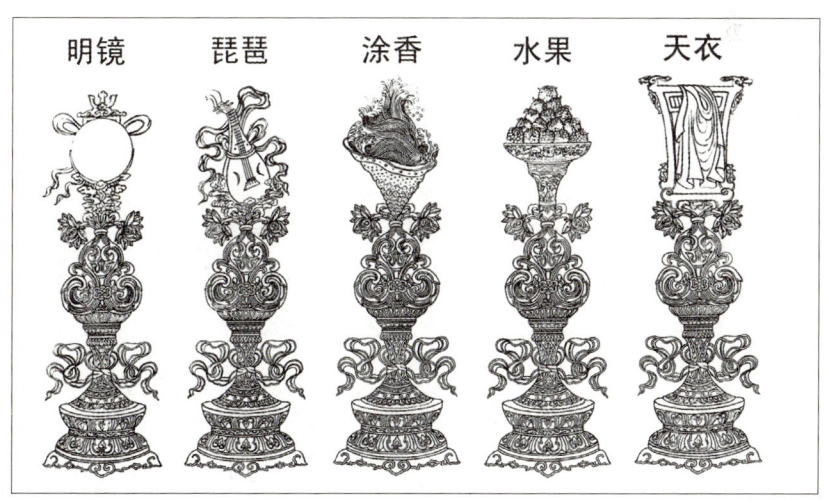

裕陵地宫穿堂券五欲供雕刻线描

在裕陵地宫进深五米的穿堂券两侧，各雕一组"五欲供"。在五件精工细琢的器座上，雕有升起的五朵莲花，花朵上面分别托着明镜、琵琶、涂香、水果、天衣五种器物，通过人体的五种感官表现出"五种欲望"来。其中眼睛从明镜里可以看到"色"，耳朵从琵琶的弹奏中可以听到"声"，鼻子可以闻到涂香中的"香"，舌头可以尝到水果的"味"，天衣穿在身体上可以有所"触"。

裕陵地宫金券内的帝后棺椁

裕陵地宫金券顶部

概括起来就是：眼、耳、鼻、舌、身、色、香、味、触。《般若波罗蜜多心经》中说："无眼、耳、鼻、舌、身意，无色、声、香、味、触法。"佛教称此五种感官所感受到的五欲为"五箭"，又称"华箭"，说它能破坏人们种种善事而不得正果。五欲供正是告诫人们，只有禁止五欲，做到四大皆空，六根清净，才能升入西天极乐世界，修成正果。

金券是地宫最后的券堂，也是最重要的券堂，是安放帝、后、皇贵妃棺椁的地方。在金券的券顶刻有三尊佛像，外层为二十四个花瓣，花心由梵文和佛像组成，佛花周围簇拥着珊瑚、火珠等吉祥器物。

中心佛像周围雕有六个梵文，即由"唵、嘛、呢、叭、咪、吽"六个字音组成的"六字大明真言"。其中，"唵"表示"佛部心"，念字时，只有自己

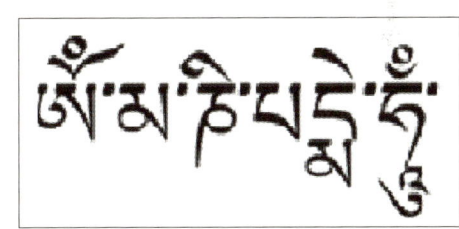

六字大明咒

的身、口、意与佛完全一致，才能获得成就；"嘛呢"为"如意宝"，此宝到手，入海无宝不聚，上山无珍不得，故又称"聚宝"；"叭咪"为莲花，表示法性如莲花一样纯洁无瑕；"吽"表示"金刚部心"，祈愿成就的意思。藏传佛教把这六个字看作经典的根源，主张信徒循环往复持诵思维，念念不忘，认为这样才能积功德，"功德完满"可得解脱。

东西墙壁上面的半圆的月光石上，刻有佛像和八宝图案。金券平水墙上用阴刻的手法刻满了兰扎体[①]梵（古印度文）、番（藏

[①] 兰扎体是元、明、清三朝常用来书写佛教经咒的一种梵文字体，除了兰扎体外，还有悉昙体。

裕陵地宫明堂券东平水墙上的藏文经咒

文)两种文字的经咒。据清宫档案《朱批奏折》记载,所刻的梵(大西天)文经咒有白伞盖心咒、三字咒、金刚手心咒、六字大明咒等,共计六百四十七字;所刻番文(小西天)均为番文注音的经文,计有二万九千四百六十四字。这些阴刻经文编排严密,端庄整齐,刀法遒劲有力。帝、后、皇贵妃内棺上的底纹是无数神秘的"卍"字,俗称"万字不到头"。

关于"卍"的来源,据史料记载,大约从唐朝开始由印度、波斯、西藏等地引入内地。在佛教盛行的武则天长寿二年,把"卍"读作"万",将"卍"称为"万字纹"。

《红楼梦》第十九回中,也有关于"卍"字记述。在东府的小书房里,茗烟和一个小丫头偷情,被贾宝玉撞见后,羞愧地逃跑了。宝玉就问茗烟那丫头名字叫什么,茗烟笑道:"若说出名字来话长,真真新鲜奇文!……他母亲养他的时节,做了一个梦,梦见得了一匹锦,上面是五色富贵卍不断头的花样,所以他的名字叫作卍儿。"宝玉听了笑道:"想必她将来有些造化。等我明儿说了给你做媳妇好不好?"

《红楼梦》的庚辰本,在"上面是五色富贵卍不断头的花样"句旁有段脂批:"千奇百怪之想。所谓'牛溲马渤皆至乐也,鱼鸟昆虫皆妙文也'。天地间无一物不是妙物,无一物不可成文,但在人意舍取耳,此皆信手拈来,随笔成趣,大游戏,大慧悟,大解脱之妙文也。"

过去,人们在木窗上镂刻出"卍"字纹,在锦上织出"卍"字纹,连绵的"卍"字构成的几何图形,用来象征富贵绵长,永不断头。"卍"字寄托着人们美好的祝福。

从考古发现的文物看,隋唐时期,"卍"字已经走出了佛经,成为日常器物的装饰性主题。在铜镜的演化史上,从唐德宗到晚唐时期,流行过"卍"字镜。元朝统治者崇信佛教,在福建屈斗宫德化窑遗址,就出土了不少以"卍"为装饰的粉盒。清朝"卍"字锦大边几何纹栽绒地毯,人们现在还可以看到,那上面连绵的"卍"字是不断头的。在圆明园的四十景中,有一组建筑叫"万方安和",整组建筑就是一个大"卍"字。

四十五度角的"卍"图案

隋唐时期，佛经中的"卍"有时作"卐"，写法不一，有些混乱。唐朝释慧琳的《一切经音义》（又名《慧琳音义》）提出，应以"卍"为准。逆时针方向的"卍"和顺时针方向的"卐"，在我国西藏是有区别的。藏传佛教以"卐"为吉祥标志，将"卐"写在庙门、墙壁及其他器物上。"卍"则是本教崇奉的符号，藏语称"卍"为"雍仲"，意为"坚固"。本教认为"卍"含有"固信不变"的意义，将"卍"写在庙门、墙壁、经书和宗教画卷上，有些地区的藏民，在逝者的额上画一"卍"字。本教徒是以左旋的逆时针方向，藏传教是以右旋的顺时针方向，围绕着寺院、佛塔、神山、圣地巡礼的。"卍"和"卐"，表示本教和藏传佛教的不同巡礼方式。本教是类似萨满教的原始宗教，以占卜吉凶、祈福消灾、请神驱鬼、除病解厄等为主要活动。

"卍"字的含义，据《长阿含经》记载，"卍"是第十六种大人相，位于佛的胸前；《大萨遮尼乾子所说经》卷六说，是释迦牟尼的第八十种好相，位于胸前；《十地经论》第十二卷中又说，释迦菩萨在未成佛时，胸臆间就有功德庄严金刚卍字相。在梵文中的意思为"吉祥万德之所集"，表示四个基本方位。在《宗教词典》上则是标着一个古怪的梵文读音，解释为"胸部的吉祥标志"，古时译为"吉祥海云相"，系释迦牟尼三十二相之一，即佛家所常说的胸臆功德相。唐朝《楞严经》中描述道：释迦牟尼佛胸前写有"卍"字处涌出宝光，"其光晃晃有千百色"。

"卍"作为古代的一种符咒、护符或宗教标志，被认为是太阳或是火的象征。它的寓意是吉祥无比，称为吉祥海云或吉祥喜旋。《大般若经》第三百八十一卷中，称佛的手足及胸臆之前都有吉祥喜旋，以表佛的功德。因此，一般的藏学研究者都认为"卍"字是作为佛教符号由国外传入西藏的。

近来有的研究者在西藏那曲市以西毫无宗教色彩的日土岩画中，发现了"卍"由太阳演变而来的全过程：☉→☼→⊗→卐→卍。

从而证实，这个神秘的符号有可能来源于西藏这块佛教圣地。宗教专家常霞青在《麝香之路上的西藏宗教文化》一书中，对"卍"字是这样解释的：

> "卍"这一符号在本教中称为"雍仲"，其来历同"欧摩隆仁"这一本教圣地有关。欧摩隆仁被描绘成占据天下三分之一土地，具有八瓣莲花状般的地形，上面笼罩着带有八个轮柄的轮形天空，有九迭"卍"山俯临着这块土地。这似乎是原始思维状态下对宇宙、大地的认识。……"卍"这个符号在本教中作为"永生""永恒"的标志，显然是人们希望的表现。……从西藏早期的历史来看，"卍"并不是佛教引进后的产物。因为，"卍"这个符号在佛教进入西藏以前已在本教中作为神圣的标志，为西藏广大居民所崇拜。

"卍"这个符号，有的向左旋——"卐"，有的向右旋——"卍"。而且大多数人都认为右旋是对的，左旋是错的。"卍"曾经作为法西斯纳粹党的标志，一个当年当过希特勒女仆的人回忆说：早年希特勒在某处发现了这个印度古老的吉祥符，他按照自己的意志理解了"卍"的形象与含义，并选择了这个标记。可惜他把方向记反了，成了"卐"，所以导致了覆灭。实际上，希特勒使用的是斜角形的"卐"（"卍"旋转四十五度角）。在《慧琳音义》第二十一卷、《慧菀音义》及《华严经》中，共有十七处所用的是右旋的"卍"。但是《陀罗尼集经》第十卷所示摩利支天像所拿的扇子上，所画的"卍"字均是左旋"卐"。还有日本奈良的药师佛像脚下的"卍"字也是左旋。在有的史料记载中，称古印度教用右旋表示男性的神，左旋表示女性的神；西藏的喇嘛教用右旋作为标志，本教则用左旋作为标志。《金刚般若经》中记载，古印度传说，凡能统治世界的转轮圣王，皆有三十二种大人相，佛是法中之圣王，所以也具有三十二种大人相。

在中国明定陵地宫出土的大量织锦品中，"卍"字既有左旋也有右旋的，在乾隆帝的裕陵地宫和慈禧陵三殿内的墙壁上，"卍"字也既有左旋也有右旋的。所以，从不同朝代、不同时期的"卍"字看，当时的人们并不看重这个符号的方向，因为对于古印度佛教或西藏的喇嘛教来说，"卍"字不论是左旋还是右旋，佛教本身宣扬的都是佛的智慧与慈悲无限，其旋回表示佛力的无限运作，向西方无限延伸、无尽展现，无休止地救济十方无量的众生。

也由此可以判断，裕陵地宫的墓主人乾隆帝信奉的是流行于我国蒙、藏地区的藏传佛教（喇嘛教）。

乾隆帝以佛教的图案、文字装饰其地宫，不仅说明他诚心信奉，死后还要借助这些神灵来保护自己，当然也更说明他本人的地位是高于这些神灵的。民间传说中，驾驭神灵之上的只有玉皇大帝。将神仙佛像雕刻地于宫中，这样做的目的之一是乾隆帝这位人间的大皇帝因为是秉承"天意"的皇帝，是上天之子，所以是神圣不可侵犯的，同样他也是可以驱驾神灵的。其二则是，信奉藏传佛教是大清王朝统治、笼络蒙藏的手段之一，西藏与大清帝国有着不可分割的关系。

暗藏的玄机

清王朝的前身后金政权在成立之初，正值蒙古地区由原始宗教萨满教向喇嘛教转变的重要历史时期。支持黄教，赢取民心，使众多的蒙古部族归顺，是后金政权对蒙古及西藏的主要政策。努尔哈赤时期，后金政权与西藏虽然没有直接交往，但接触到了从西藏来蒙古传教的囊苏喇嘛，并且修建了大量寺院。

后金政权历经努尔哈赤、皇太极两代，有"天命""天聪""崇德"三个年号。天聪十年（1636）四月，皇太极称帝改国号为"大清"，定为"崇德元年"，是为大清王朝的开始。之所以改变国号，主要是为了避免刺激汉人对金朝侵犯宋朝的惨痛记忆，从而免于对后金刻骨铭心的民族仇恨。对于国名的改变，历史上众说纷纭，其中的一种说法却是与西藏有关。据《满洲源流考》记载：

> 以国书考之，满洲本作"满珠"，二字皆平读。我朝光启东土，每岁西藏献丹书，皆称曼珠师利大皇帝。翻译名义曰"曼珠"，华言妙吉祥也。又作曼殊室利大教王。经云释迦牟尼师毗卢遮那如来，而大圣曼殊室利为毗卢遮那本师，"殊""珠"音同，"室""师"一音也。当时鸿号肇称，实本诸此。

此种说法，将西藏丹书上称"曼珠师利大皇帝"中的"曼珠"

解释为"满洲"，此为族名的来源，并译为"妙吉祥"。如果不是附会的话，那么满族与藏族也就确实有几分佛缘了。

清朝入主中原后，继续与西藏的宗教领袖保持联系，并派使者前往西藏问候达赖、班禅，敦请达赖、班禅前往北京觐见顺治帝。达赖方面也遣使来北京向清廷朝贺，献土仪，以示归附。

顺治九年（1652），达赖率领班禅和固始汗的代表及众多的侍从人等共三千余人，前往北京觐见大清皇帝顺治帝。顺治帝亲自为达赖设宴洗尘，赏赐大量的金银珠宝。达赖次年回西藏时，还得到了大清皇帝的册封。金册、金印是用汉、满、藏三种文字书写的。金印的全文是"西天大善自在佛所领天下释教普通瓦赤喇呾喇达赖喇嘛之印"，其中的"所领天下释教"，以中央统治者的名义确立了达赖在蒙、藏喇嘛教中的宗教领袖地位；"普通瓦赤喇呾喇达赖喇嘛"中的"普通"，是"普遍通晓"的意思。"普通瓦赤喇呾喇达赖喇嘛"，是三世达赖喇嘛"圣识一切瓦齐尔达喇达赖喇嘛"的沿用。金册共有十五页，全文如下：

> 朕闻兼善独善，开宗之义不同；世出世间，设教之途亦异。然而明心见性，淑世觉民，其归一也。兹尔罗布藏札卜素达赖喇嘛，襟怀贞朗，德量渊泓，定慧偕修，色空俱泯，以能宣扬释教，诲导愚蒙，因而化被西方，名驰东土。我皇考太宗文皇帝闻而欣尚，特遣使迎聘。尔早识天心，许以辰年来见。朕荷皇天眷命，抚有天下，果如期应聘而至。仪范可亲，语默有度，臻般若圆通之境，扩慈悲摄受之门。诚觉路梯航，禅林山斗，

朕甚嘉焉。兹以金册印，封尔为"西天大善自在佛领天下释教普通瓦赤喇怛喇达赖喇嘛"。应劫现身，兴隆佛化，随机说法，利济群生，不亦休哉。

"达赖"，蒙古语意为"大海"；"喇嘛"，藏语意为"上师"。"达赖喇嘛"的汉语意思则是无所不知的、坚强的、像大海一样伟大的和尚。达赖喇嘛是格鲁派中最大的一个活佛。达赖喇嘛的尊号最早是由蒙古俺答汗所赠。俺答汗代表的只是一个蒙古部落，而顺治帝所代表的则是整个国家，所以一个蒙古汗王所赠之号与一国之君所封之号有着天壤之别。顺治帝对于达赖喇嘛的册封，不仅以中央政府的名义确立了达赖喇嘛在西藏宗教领袖的地位，更重要的是从此确立了清王朝对西藏宗教的领导地位和格鲁派在藏传佛教中的统治地位，使其成为一种定制，以后历世的达赖喇嘛都必须经过清朝中央政府的确认。

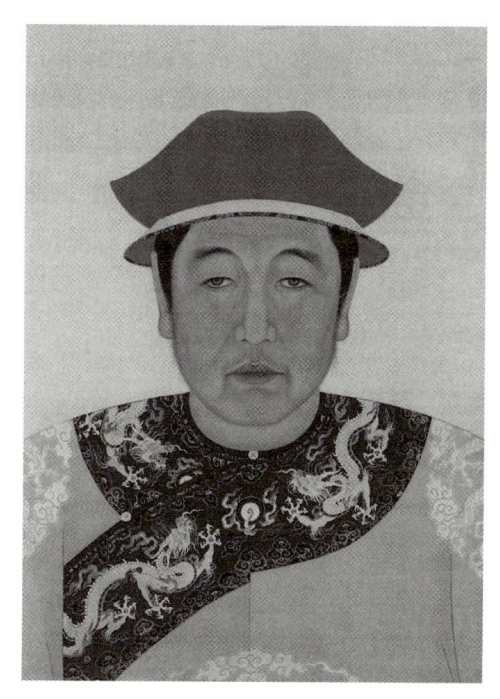
顺治帝吉服像

在册封达赖喇嘛的同时，顺治帝对于西藏的班禅固始汗也进行了册封。当时的西藏尚未形成"政教合一"的格局，达赖喇嘛只是宗教领袖，地方上的政权则全部掌握在固始汗的手中。之所以对达赖喇嘛和固始汗进行册封，是因为清王朝不仅要取得对西藏宗教的控制权，更重要的是要取得对西藏地区的统治权。顺治帝对达赖喇嘛和班禅固始汗的册封，也就是将西藏的僧俗民众纳入了大清王朝的统治范围，这为以后取得对西藏的全面统治奠定了良好基础。

　　班禅世系同达赖世系一样，也是黄教的重要世系。世系始自四世班禅罗桑曲结坚赞（简称为"罗桑曲结"）。像达赖喇嘛一样，班禅的前世也是追认的。罗桑曲结坚赞本是后藏日喀则扎什伦布寺的寺主，是藏传佛教格鲁派在后藏地方的代表人物。四世达赖喇嘛圆寂后，他到拉萨主持三大寺和格鲁派上层的事务，负责寻访并教授达赖喇嘛的转世灵童。罗桑曲结是为格鲁派做出重大贡献的人物。由于争夺权力，西藏地方势力头领拉藏汗不让达赖喇嘛转世，罗桑曲结治好了藏巴汗的病，才说服准许寻找转世灵童。后来罗桑曲结与五世达赖喇嘛商议，明朝崇祯十四年（1641）将从新疆进入青海的蒙古势力固始汗部引入西藏，一举消灭了藏巴汗。

　　蒙古和硕特部首领固始汗率兵进入西藏并取得对西藏的统治地位后，仿效俺答汗赠送达赖喇嘛尊号之先例，也赠送班禅罗桑曲结"班禅博克多"的尊号。"班"是"班智达"的简称，梵语"智慧"的意思；"禅"是藏语"钦波"的简称，意为"大"；"博克多"是蒙语，是对睿智英武人物的尊称。"班禅博克多"汉意为"智勇双全的、像金子一样珍贵的大学者"。固始汗对罗桑曲结尊号的赠送是班禅有尊号的开始。像俺答汗当年赠送达赖喇嘛尊号一样,这一尊号并没有实际意义,仅仅表示对罗桑曲结乃至黄教的一种敬意。后来,罗桑曲结和达赖喇嘛又联合清朝势力,赶走了蒙古人。罗桑曲结圆寂后,继承人为五世班禅罗桑益喜。

康熙朝末年,西藏地区动荡不安,流血冲突不断。为了稳定西藏的局势,加强黄教的力量,康熙五十二年(1713),康熙帝正式册封五世班禅罗桑益喜为"班禅额尔德尼",并以顺治帝册封达赖喇嘛之例,赐以金册、金印,正式确立其地位与达赖喇嘛等同。"班禅"的意思是"大师","额尔德尼"为满语,意思为"智慧、圣德之光",所以一般习惯称为"班禅大师"。

一世班禅与一世达赖同是黄教创始人宗喀巴的弟子。达赖、班禅是藏传佛教格鲁派(黄教)的两大活佛系统。达赖喇嘛以布达拉宫为中心,主持前藏事务;班禅活佛以扎什伦布寺为中心,主持后藏事务。二人的宗教地位平等,历世达赖、班禅互为师徒,共同管理西藏宗教事务。在藏传佛教里面,达赖是"欣然僧佛"即观音的化身,班禅是"月巴墨佛"即无量佛的化身,拿佛的级别来说,班禅比达赖高级,但是在现实地位上,达赖在政教两方面都高于班禅。班禅额尔德尼和达赖喇嘛的称号,一直沿用至今。

为了更好地管辖、治理西藏,雍正帝开始在西藏设立驻藏大臣,长期驻有清朝皇帝直接领导的军队,使得清朝在西藏开始有正式的领土权利。驻藏大臣由皇帝直接任命,多由满、蒙官员担任,衔在二品以上。驻藏大臣的设立,使得清王朝对西藏进行了二百余年卓有成效的统治和管理。

达赖、班禅和西藏的活佛,从黄教创始人宗喀巴开始,实行转世系统——呼毕勒罕，即转世灵童。由于喇嘛教的戒律不准娶妻生子，所以继承人须寻访才能确认。通常情况下，达赖在生前留有遗嘱，告诉转世的方位。如果突然死亡，则根据头倒下的方向去寻找转世灵童。这个灵童一般应是达赖圆寂后七七四十九天之内出生的婴儿，因为达赖死后重新投胎转世要有一个过程。与此同时，还要请降神在护法神前打卦问卜，以确定灵童转世方位。不仅如此，还要派高僧到黄教圣地却科杰的圣母湖观看显影，以印证灵童的出生地及灵童的一些基本特征是否与神明的托言相符。

在大致方位确定后，便开始在小范围内走访、了解灵童出生前后是否有各种吉兆，如梨开二度、接近灵童的病儿突然痊愈，或灵童自身具备一些特殊征兆和功能等，有这类吉兆的均可列为重点选择对象。如果有若干婴儿候选，或对某一灵童产生疑问，可在护法神前当场抽签决定。最后还要进行一次重要的测验，即把达赖生前使用过的和从未动过的物件混放在一起，让灵童挑选，如果能准确无误地拣选出达赖生前用过的物件，这个灵童必是达赖转世无疑了。最后确定的"灵童"要按隆重的礼仪规格迎至拉萨，并且暂时接父母一同居住。灵童最终确认后，三岁坐床，六岁受戒，经过一系列培训和学习，年满十八岁即开始亲政。

这一转世系统看似无懈可击，其实仍有不少弊端，很难保证其中没有半点虚假或出差错。乾隆朝年间，喀尔喀三音诺颜部落额尔德尼班弟达呼图克图圆寂后，其商卓特巴那旺达什有意营谋汗王子弟为呼毕勒罕，代求达赖喇嘛、拉穆吹忠（大活佛）附会妄指。结果，拉穆吹忠接受那旺达什所贿赂的银五十两、缎一匹、哈达一个以后,即指定其汗王之子为真呼毕勒罕。更有甚者,从前哲布尊丹巴呼图克图圆寂后,其图舍图汗之福晋有孕,即指为呼毕勒罕。结果生出来的却是一个女孩儿,闹出了一个天大的笑话,留传后世。

为了使大喇嘛能为自己所用,消除呼毕勒

大昭寺掣签的金奔巴瓶

罕转世系统的虚假弊端,就必须将大喇嘛的转世权掌握在手中,从而全面控制整个喇嘛教,乾隆五十八年(1793),乾隆帝正式颁布《钦定藏内善后章程二十九条》,确立了影响至今的金瓶掣签制度。该章程第一条明确规定:大皇帝为求黄教得到兴隆,特赐金瓶,今后遇到寻认灵童时,邀集四大护法,将灵童的名字及出生年月,用满、汉、藏三种文字写于签牌上,放进瓶内,选派真正有学问的活佛,祈祷七日,然后由呼图克图和驻藏大臣在大昭寺释迦像前正式拈定。认定达赖、班禅灵童时,必须将他们的名字用满、汉、藏三种文字写在签牌上,同样进行。并规定所有寻找呼毕勒罕的事情,永远不准拉穆吹忠参与和指认。金瓶掣签制度确立后,所有大喇嘛转世均照此办理。至此,"金瓶掣签"制度以国家法律的形式确立了下来。

所谓的"金瓶掣签",其实就是由清朝中央政府颁发两个金瓶,一个用于达赖、班禅等藏区大活佛转世灵童的认定,置于拉萨大昭寺;一个用于确认蒙古各部大活佛转世灵童的认定,置于北京雍和宫。凡在理藩院注册的藏传佛教蒙、藏大活佛,均须将寻得的若干"灵童"的名字写于象牙签上,置于金瓶中,由理藩院尚书在雍和宫或由驻藏大臣在大昭寺主持抽签掣定。这种方法被称为"金瓶掣签制度"。

但也有例外的情况,如达赖喇嘛、班禅额尔德尼及驻藏大臣等共同认定确是转世灵童时,可以奏明皇帝请求免于掣签,若不认可则重新寻找。无论是否掣签,最后决定权均在中央政府手中。

在清朝,由金瓶掣签确定的达赖喇嘛共有五位,九世达赖、十二世达赖、十三世达赖免于掣签;金瓶掣签确定的班禅额尔德尼共有两位。

藏传佛教不仅能掌握控制整个西藏地区,同样也深刻地影响着蒙古地区。

乾隆二十年(1755),厄鲁特蒙古阿睦尔撒纳起兵叛乱,喀尔喀蒙古亲王额琳沁多尔济有意放走阿睦尔撒纳而被乾隆帝赐死。一时之间,蒙古诸部以不能擅杀成吉思汗后裔为由相率骚动,整个蒙古地区顿时就要刀光剑影。此时第三世章嘉胡图克图(清朝著名藏传佛教领袖)正扈从乾隆帝驻跸承德,闻知此事后,连夜作札由弟子驰送蒙古。蒙古各部见国师信后皆俯首听命,心悦诚服。这件事使乾隆帝真正认识到:"兴黄教,即所以安众蒙古,所系非小,故不可不保护之,而非若元朝之曲庇谄敬番僧也。"

乾隆帝在执行推广黄教政策的同时，自己也深受影响，由原先只是利用黄教，发展到后来自己也潜心信佛，甚至达到沉溺的程度。嘉庆元年（1796）三月，南方爆发了白莲教农民大起义，到嘉庆三年（1798），起义军已发展到四五十万人，范围涉及五个省。号称"十全武功"的乾隆帝，此时也束手无策，只是经常卧于龙床之上，紧闭二目，口中念念有词。一日，忽睁二目问道："这些人什么名字？"嘉庆帝不知如何回答。和珅却应声回答："高天德、苟文明（此二人是白莲教起义军中著名的领袖）。"日后，嘉庆帝密诏珅问曰："汝前日召对，上皇云何？汝所对作何解？"珅曰："上皇所诵为西域秘密咒。诵之，则所恶之人虽在数千里外，亦当无疾而死，或有奇祸。奴才闻皇上持此咒，知所欲咒者，必为教匪悍酋，故以此二人名对也。"其实，早在乾隆帝修造自己的陵寝之时，乾隆帝就以自己是文殊菩萨和大清大皇帝驱驾佛教的双重身份来实施推广大清王朝对蒙藏的民族政策。这可以从乾隆帝裕陵地宫所刻图案的内容看出。

乾隆帝不仅在对待西藏这一敏感问题上有功于国家，而且创立了影响深刻直到现在仍在使用的金瓶掣签制度。乾隆帝的裕陵地宫不仅说明了西藏佛教对中国的影响，从其内容和形式上更可以证明西藏是中国不可分割的一部分。

佛教会长与班禅大师

裕陵地宫清理的结束也就意味着地宫即将开放了，与此同时，

大清皇陵之不可不知的裕陵

乾隆帝老年时朝服像

破解地宫中的经文和佛像，也就成为当时的首要任务。

　　明十三陵中的定陵地宫是中国有组织、有计划发掘的第一座皇帝陵地宫。但是，明定陵地宫于1959年开放后，由于种种原因，始终未有发掘清理的文字说明及研究成果问世，这导致以夏鼐为团长的中国考古代表团在1977年10月访问伊朗时，遭到了外国代表对中国考古研究尖锐的提问和挑逗性嘲笑。当时身为清东陵保管所所长的宁玉福清楚地知道，编写发掘清理裕陵地宫文字多么重要。因为在当时，无论是国内还是国外的考古发掘清理，都是按照严格的程序进行的。要发掘一座遗址或古墓，先从实地勘查入手，在掌握了大量的线索和证据之后，再进行现场发掘。这个过程要与照相、测量、绘图和记录同时进行，不能有半点疏忽和遗漏，待实际发掘清理工作结束后，就应立即撰写带有科学研究成果的清理报告或论文，以图文形式公之于世。这不仅会为研究者提供进一步研究的依据，同时也为历史爱好者提供史学资料。对于裕陵考古来说，地宫雕像和经文的破解是需要首先解决的问题。于是，兼职文物研究的徐广源和会计谢久增受宁玉福所长的指派，诚请中国佛教协会会长、著名佛教专家赵朴初先生到清东陵来，以求破解裕陵地宫中的佛堂经文。

　　赵朴初1907年11月5日生于安徽安庆。早年就读于苏州东吴大学。1928年后，任上海江浙佛教联合会秘书、上海佛教协会秘书、"佛教净业社"社长、四明银行行长。1938年后，任上海文化界救亡协会理事、中国佛教协会秘书、主任秘书。1953年后，任中国佛教协会副会长兼秘书长。1980年，任中国佛教协会会长、中国佛学院院长、中国藏语系高级佛学院顾问、中国宗教和平委员会主席。赵朴初是我国杰出的爱国宗教领袖，在国内外宗教界有着广泛的影响，深受广大佛教徒和信教群众的尊敬和爱戴。

赵朴初在清东陵期间，徐广源一直陪伴在赵老身边。因此他回忆说："当时随同朴老一起来东陵的还有故宫博物院副院长彭炎、故宫博物院陈列部主任杨伯达（后来升任故宫博物院副院长）。朴老是一位博学多识、和蔼可亲的长者，即使对我这样名不见经传的小人物也是非常地客气，初次见面就给我留下了深刻印象。我们于1977年11月11日早晨七点从北京朴老的家北京西城南小栓胡同1号出发，像朴老那么高身份、地位、名望的人，乘坐的专车只是一辆当时非常普通的老上海牌轿车。当天上午十点就到了东陵。在慈禧陵神厨库内的接待室稍事休息后，朴老、彭院长、杨主任在宁玉福所长、会计谢久增和我的陪同下，一起来到了裕陵地宫参观。在裕陵地宫里，当朴老等人看到地宫内到处布满佛教题材的图案雕刻和数以万计的藏、梵两种文字的经文、咒语时，感到非常震惊，他说，几十年来，参观过无数的洞窟摩崖，但从来还未见过像清东陵裕陵地宫这样如此精美深奥规范的石雕。朴老从前到后，看得特别仔细，这是一个非常难得的学习机会，我特地准备了笔和本子，准备做记录，未曾想到的是，朴老对这些文字内容，出于慎重的考虑，始终未明确是什么经、什么咒。我只记得朴老像是自言自语地说：'乾隆棺上的可能是《华严经》和《普贤行愿品》……地宫里的咒经可能是《大藏全咒》。'赵朴老的这一说法，至今也未能得到证实，仍是一个谜。朴老一边看一边夸赞地宫雕刻技艺精湛，在地宫里看了一个多小时才离开。

朴老是一个博学多识的大学问家，是中国佛教领袖，在这次清东陵之行中，并未对乾隆地宫佛教内容做出明确的表态，朴老只是说：'佛教不仅仅是一种信仰，更是一种文化。'可见乾隆帝地宫的佛教文化是何等博大精深。"

后来，法国研究者王微研究员考察淑嘉皇贵妃内棺后也说上面的经文是《普贤菩萨行愿王经》。

裕陵地宫开放不久，也就是1978年5月的一天，十世班禅额尔德尼·确吉坚赞也闻讯带着他的经师洛桑曲培·桑达丹巴坚赞（又称"恩久"）赶到清东陵，特意来参观乾隆帝的裕陵地宫。

当时徐广源先生和保管所领导一起陪同十世班禅和他的经师参观了裕陵地宫。事后，徐广源先生回忆：班禅大师是一个三十多岁的中年人，说着一口流利的普通话，班禅大师的经师是一位个子不算太高、很瘦但很精神的老者。他们在地宫里左看右瞧，对于裕陵地宫里的佛文，一直也未说出到底刻的是什么经咒。岁数大的经师再看了许久之后对班禅说："好像是用藏文拼写的另一种语言。他们临走时表示，裕陵地宫的学问太精深了，没有相当精通高深的藏文、梵文功底，没有相当深厚的佛学知识，是难以破解的"。

班禅大师和他的经师洛桑曲培·桑达丹巴坚赞在参观完裕陵地宫后，不无遗憾地回了北京。

中国佛教协会会长、著名佛教专家赵朴初先生和十世班禅额尔德尼·确吉坚赞、经师洛桑曲培·桑达丹巴坚赞在清东陵之行中，对于乾隆裕陵地宫的藏传佛教经文也难以辨别，足以看出裕陵地宫文化的高深与博大。

2008年8月9日，十九岁的十一世班禅额尔德尼·确吉杰布也曾来到裕陵地宫参观。据闻，当时天空突现五彩祥云，现场的人感到惊喜万分，纷纷拍照留念。

这样的一个答案

不仅裕陵地宫墙壁券顶雕刻大量的佛像经文，就是帝后棺椁之上也用不同手法雕刻着大量的佛经和图案。由此可见，这些经文和图案不仅仅是一种装饰，而应该有着某种深刻的含义，那么人们能从中解读出什么秘密来呢？

1928年8月，徐榕生在《东陵于役日记》中写道：

裕陵系高宗纯皇帝及孝贤纯皇后富察氏、孝仪纯皇后魏佳氏、哲悯皇贵妃富察氏、慧贤皇贵妃高佳氏、淑嘉皇贵妃金佳氏，计金棺六具（椁）皆满贴金，梓宫四具（棺）皆朱红雕漆卍字地阴文径寸梵字及牡丹花，其二皆外无椁者，当是皇贵妃所用。被匪兵将椁劈开者五具，其一欹置于被炸石门之上，其一为石门左扉所压，因椁之漆甚坚，仅去椁盖之半，棺盖则斫一大洞，棺内之物及骨，皆自此取出。于此棺内捡出颅骨一，此骨决是高宗纯皇帝之骨，因前捡得之骨，存在之齿尚多，则此仅存一齿，可为高年之证，且生齿之孔为三十六，他骨二十八或三十二也。此颅骨较他骨为大，又同在此棺内捡出胫骨一，亦较他胫骨为长，更可证为男骨无疑。朱红雕漆之棺虽与他棺同，而梵字系阳文，亦与他棺阴文梵字者不同。

清陵学者徐广源先生回忆清理裕陵地宫时也说："裕陵地宫的内棺表面都雕刻有藏文佛经，以卍字文为地，六口内棺中，有五口内棺的手法用的是阴刻，唯有乾隆帝的内棺最为精美奇特，所有的藏文佛经都是采用阳刻，其字体端庄清秀，刀法严谨有力，一丝不苟，堪称剔红工艺中的精品。乾隆帝的内棺里有五个头骨和一大堆乱骨头，另一口棺内有一个头骨和一些遗骨。那时，我还未看过耆龄、宝熙等人写过的东陵善后日记，并不知道重殓时将帝后五人的遗骨一起放入乾隆帝的内棺中，当时我只是看这口内棺比其他三口内棺大，地宫中有一帝二后三贵妃，最大的内棺只有是皇帝的了。第二，该内棺内外的经文、图案雕刻都均为阳刻，其他三口内棺则为阴刻，阳刻比阴刻更为费工费时，工艺手法高。所以我判断这口内棺就是乾隆的棺木。令人有些遗憾的是，这口内棺在1977年9月已套上外椁了……"

裕陵地宫中高深的佛教内涵，已经引起国内外专家学者广泛的关注。其中，法国的研究员王微对此开始了专题研究，并多次来到清东陵与徐广源一起研究探讨乾隆陵地宫。

王微，法国汉学家与藏学家，法国国立科研中心研究员，其专业研究方向为佛教，曾参与法国国家图书馆典藏的敦煌文献整理工作。目前研究方向更偏重于中国佛教与藏传佛教之间的相互影响及文字在佛教建筑中的运用。

经过将近两年的研究，王微在2006年《故宫博物院院刊》第1期上发表了题为《乾隆裕陵棺椁藏文经咒释读》一文。在文中，王微仔细分析了淑嘉皇贵妃的内棺和乾隆帝的外椁上雕刻的藏文经文。

徐广源与法国国立科研中心研究员王微在一起

　　为了更好地说明藏文在清宫葬礼中的使用情况，王微把裕陵妃园寝的纯惠皇贵妃棺椁与裕陵地宫的淑嘉皇贵妃棺椁做了比较，结果发现：尽管两贵妃的入葬时间相隔五年，但两棺椁四周刻写的经文是一样的，内棺前档的经文是三行《三十五佛名礼忏文》①，内棺左帮刻的是十八行《普贤菩萨行愿王经》②，内棺右帮刻写的是十八行《菩提行经》第十品的《回向品》，内棺后档

---

① 《三十五佛名礼忏文》：准确的称法应是《三聚经》，又名《菩萨戒过犯忏悔仪轨》，是《优波离会》的一部分。《优波离会》是构成大乘佛经《大宝集经》四十九部中的第二十四部。8世纪，不空法师仅仅翻译了其中的一部分，命名《三十五佛名礼忏文》。
② 据六世班禅白丹益喜传记记载，乾隆四十二年（1777）乾隆帝生母去世的时候，西藏为她所做的佛教仪式中有拉萨数百僧诵念《普贤菩萨行愿王经》的活动。

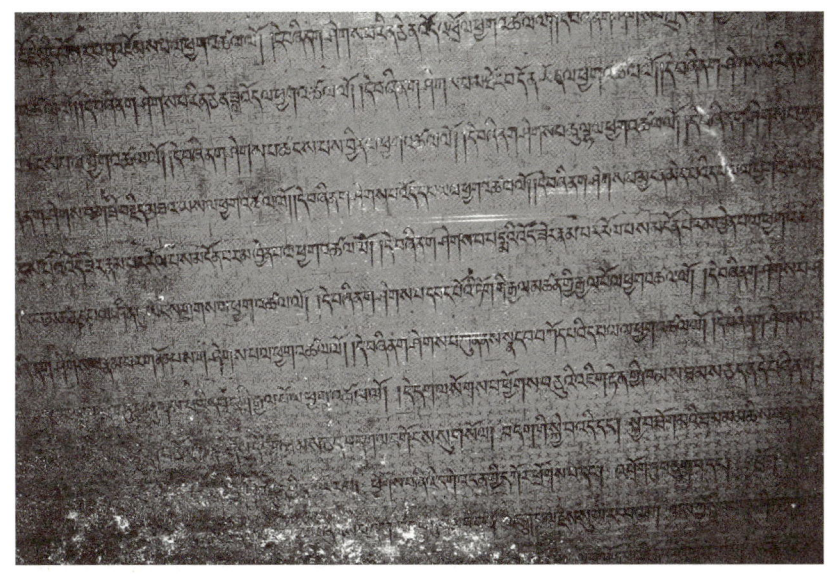

淑嘉皇贵妃内棺上的藏文经文

纯惠皇贵妃内棺上的雕漆藏文佛经

刻写的是《普贤菩萨行愿王经》《弥勒誓愿文》《开头和结尾的祈祷词》①《弥勒尊身》②。

王微经过仔细观察发现，两皇贵妃棺椁的唯一区别是棺盖，纯惠皇贵妃的棺盖上没有任何文字，而淑嘉皇贵妃的棺盖上藏文很多。对此她认为清宫对于棺椁上的经文内容有专门的规定，并因此展开对淑嘉皇贵妃棺椁盖上的文字的研究。

淑嘉皇贵妃内棺棺盖表面刻写的是《佛顶尊胜陀罗尼》；内棺棺盖左侧刻写的是《菩提道场庄严陀罗尼经》和不知道来源的陀罗尼经；内棺棺盖的右侧刻写的是《佛顶放无垢光明入普门观察一切如来心陀罗尼经》；内棺棺盖的脚端刻写的是《秘密舍利箧陀罗尼》；内棺棺盖头端前两行所刻写的陀罗尼不知出处，第三行则是《普明大日如来陀罗尼》。王微在辨读这些内棺棺盖上的文字后认为：这些刻在皇贵妃内棺上的佛经和陀罗尼，一定与葬礼仪轨有密切关系，并以此为亡人祈福。

王微还仔细研究了乾隆帝的外椁，其中外椁西侧前两行藏文刻的是西天王广目天王。第三行则是祈祷词《吉祥偈文》：

白昼吉祥整夜吉祥！每白昼恒久吉祥和整夜永远吉祥的三宝吉祥来吧！

王微认为，把这些祈祷词写在外椁上，就意味着这是对乾

---

① 《开头和结尾的祈祷词》：格鲁派创始人至尊宗喀巴所写，被收录在格鲁派院念诵及仪轨经集内。
② 《弥勒尊身》：由至尊宗喀巴大师的弟子根顿主巴撰写。十六世纪时，这位大法师被尊称为一世达赖喇嘛。

裕陵地宫第一道石门月光石上的佛像雕刻（三十五佛之一）

裕陵地宫五方佛中间佛及四周八尊三十五佛（部分）

隆帝的崇拜，而且给予他一个神的地位。

除此之外，王微解决了地宫"三十五佛"分布位置问题。她指出：三十五佛并没有刻在一起，而是分布在五个地方。这五个地方是：穿堂券券顶有二十四尊，明堂券券顶的五方佛中间佛像的周围有八尊，第一、第三、第四道石门的月光石上各雕一尊佛像。这样加起来正好是三十五尊佛像。

最后，王微在文中写道：

众所周知，乾隆帝和藏传佛教所保持的关系极为密切而且复杂……陵寝本不是外人参观的窗口，而是一个最隐秘的私人场所，可是这座陵寝给藏传佛教很明显且很重要的地位。被用来刻写于内棺与外椁的经文在藏传佛教中具有极其重要的位置，因此乾隆皇帝自己十分倾向藏传佛教应是一个事实。

王微在对裕陵地宫展开研究的时候，曾得到清陵学者徐广源的大力支持和帮助，为了表达无限的感谢，她在文章题注中这样写道："2004年，笔者到清东陵考察，因为专业关系对乾隆裕陵内的藏文佛经很有兴趣，并做了专门研究。徐广源先生曾在1977年参加过乾隆裕陵的清理工作，长期致力于东陵历史的研究工作。他对清宫档案的广博知识以及对帝王陵寝建筑历史文献的理解，对笔者正确识读藏文和兰扎体梵文的经咒帮助很大。"

在这之后，王微又数次来清东陵考察，对裕陵地宫的经文、佛像以及各种纹饰图案继续新的研究。

多年前，笔者曾看到一篇全面解读裕陵地宫整体佛像和文字内容含意的文章。文中称裕陵地宫所有的雕像和文字所表述的核心内容为"保护、无垢、长寿"六字。大致内容如下：

一、第一道石门门框上雕刻的是"大白伞佛母咒"。意思是将一切不好的、恶的都挡在外面，以此保护地宫的安宁洁净。

二、第一道石门后的四大天王雕刻。四大天王是保护神，用以保护佛堂，且只有得道高僧才能使用该佛像。佛像周围的藏文为咒文，借以保护佛堂的宁静安全。也说明佛堂的重要性。

三、第二道石门门券上雕刻的是"佛顶尊圣佛母咒"，意思是"长寿、消除恶业"。券顶所雕刻三十五佛，佛像周围文字是佛像的名称。

四、金券石门门楣雕刻的是开光时常用的咒，表示地宫是很神圣、很重要的，像神佛的住地一样的地方。

地宫金券西墙上雕刻的是"金刚不坏佛"，内文字是"佛顶尊圣佛母咒"，券顶南北刻的是对称的一样的佛咒，东西券墙的不一样。券顶表示智慧，与文殊菩萨有关。券顶三佛周围，内圈为佛家六字真言"唵、嘛、呢、叭、咪、吽"，外圈为"无垢光明陀罗尼"（"陀罗尼"是"佛顶尊圣佛母咒"）。外圈文字意为"把一切不洁的都挡在外面"。券顶三佛不一样，但佛周围的文字是相同的。墙上全是佛咒，代表该佛的能力、法力。每个佛的佛咒以装饰佛经的花纹隔开。

地宫金券里棺椁的内棺四面是佛咒，上盖是经文（地宫中唯一刻经文的地方）。皇贵妃内棺前面刻有"三十五佛忏悔咒"，以消除恶业。乾隆帝棺木西侧中部三行文字是佛咒，第三行是"祈祷咒":祈祷在佛、法、僧三宝的保护下无论是白天还是黑夜都能安静地长眠、休息。

总之,裕陵地宫是世界上唯一的一座刻满佛咒的最精妙最神奇的地宫。巧夺天工的佛咒雕刻意味着乾隆帝的死只是肉身的死,在这佛堂一样的地宫中,他又开始了在另一个世界的新生——佛"保护"的、"无垢"的、"长寿"的极乐世界中佛一样永生!

笔者认为,文章的作者无疑对佛教有精深的研究,对裕陵地宫非常了解,文章对裕陵地宫的解读符合古人营建地宫的基本理论。

综合笔者所知道的清陵帝后棺椁的一点肤浅知识,加上对乾隆时期历史文献的理解,笔者认为,上述文章的解释基本上符合古人营建地宫的理论。这篇文章的作者无疑对佛教有精深的研究,对裕陵地宫也非常了解。据笔者估计,这篇文章是经过其他人整理汇编的,原创作者很可能是法国研究者王微。

按照上述文章的指点,笔者曾到裕陵地宫逐部位进行核对、领悟,绝大部分都能对上号。但在"地宫金券"的第一条发现了一个小小的误差。原文是这样写的:

金券石门北面门楣上是开光用的咒(八个字),表示地宫是很神圣的、很重要的,像神佛的住地一样的地方。

这里说门楣上的咒是八个字,但笔者实地观察考证,却发现这个咒是九个字。据分析,很可能是文章作者笔误。

2016年,有人发表一篇介绍裕陵地宫石刻图像与梵字的空间

裕陵地宫金券内石门上方的梵文是九个字

构成和场所意义的文章，对裕陵地宫石刻元素在墓室空间的组织逻辑、意义塑造以及由此反映的设计意图、表达方式，乃至对使用者需求的满足方法等方面都进行了分析，阐释了在特定的空间内，设计者是如何在空间、葬仪和宗教信仰等因素的共同作用下，在地宫内构建出一系列仪式性场景的，从而揭示了裕陵地宫既具有佛殿、佛塔和墓室特征，又具有混合性与矛盾性的多样化场所之意义。笔者认为，论文作者对裕陵地宫的解释仅是停留在图案与经文布局上，只是解释了宗教与建筑之间的关系和意义，以及地宫设计者的创作思路和使用手法，其认识仍属于字理表面，而并非深层次的含意，或者说解释的深层次内涵还不够。这种方式，只是多了一种解读裕陵地宫的形式，并非真正解读了裕陵地宫的佛像经文含意和价值。信佛礼佛而高于佛，有文化有地位，尊荣而又有权力驱使佛的人，只有帝王。因此，只有站在帝王的视角去思考和研究，才能真正体会和感受裕陵地宫这样博大精深的旷世建筑的内涵和价值。不能局限于为了研究而研究的机械性生搬硬套地解读字表的含意。

　　因此，根据笔者多年的研究和体会，对裕陵地宫佛像和经文可以做出这样的结论：裕陵地宫内镌刻经文、佛像旨在对死者亡灵的尊敬、保护，是对亡灵生前政绩的概括，西藏与大清帝国是"你中有我、我中有你"的不可分的整体关系，乾隆帝被讹为两重世界的至高无上的统治者。

尾　章

　　明朝万历皇帝的定陵地宫是新中国成立后我国主动考古发掘开启的第一座皇帝陵地宫，也因此揭开了我国明朝皇陵地宫的神秘面纱。明定陵地宫完全用巨石拱券而成，由前、中、后、左、右五个宽大的殿堂组成，有门七重，建筑面积一千一百九十五平方米，整个地宫无一梁柱。每扇石门上有八十一个门钉，刻有兽面衔环铺首。但整座地宫内没有任何文字和图案雕刻，全部光素。

　　乾隆帝裕陵地宫是我国开启的第一座清朝皇帝陵墓。后来清理开放的光绪帝的崇陵地宫，发现其规制也是九券四门，除了石门上雕刻八大菩萨之外，其余全部是光素的。慈禧陵的地面建筑最为豪华，堪称清陵之冠，但其地宫无论是规模还是建筑工艺都比帝陵大为逊色，只是在石门上刻有兽面铺首，第二道石门的月光石上刻有龙凤呈祥图案，券顶和墙壁全部光素。至于皇贵妃和妃子地宫则更不能与帝陵地宫相比了。因此，乾隆帝裕陵地宫中的精美雕刻图案以及文字的巧妙分布，把本来隐秘清冷的阴间世界变成了华美的、梦境般的吉祥如意境地，仿佛在告诉人们：幽灵世界的风景可以同样锦绣精美。

对于裕陵地宫这座举世无双的佛堂建筑，是否还有其他更为详细的解释含意，抑或这座地宫的建筑本身只是遵循清入关后的旧制所建，目前还未找到相关的资料证明。总之，裕陵地宫的这种规制既高深又神秘。据清陵学者徐广源先生研究，嘉庆帝的昌陵地宫无论是雕像还是经文完全取样于裕陵地宫的模式。可以说，了解了裕陵地宫就等于看见了嘉庆帝的昌陵地宫。当然不同的是，所埋葬的墓主人不一样，目前昌陵地宫陪葬的珍宝依旧存在。

纵观历史，裕陵地宫无愧是一座辉煌灿烂的中华古文明的载体，它不仅揭示了我国历史上清王朝鼎盛时期的经济、文化、军事、政治、建筑等情况，还向世人展示了清王朝与我国西藏的重要联系，更充分说明西藏与清王朝之间是中央与地方的从属关系。裕陵地宫中精美的雕刻作品以及高深的藏文化，反映出当时藏传佛教发展的最高水平和对社会的广泛影响。

笔者生活在近邻清东陵的马兰峪，有幸工作在清东陵这块用砖、石、瓦、木写就大清历史长卷的土地上，感到非常自豪。在自豪之余，有时也会惆怅、迷茫：如果裕陵地宫没有被盗掘，那么乾隆的裕陵地宫就永远没有机会打开。作为后人的我们也就无从研究乾隆朝那段深埋地下的历史，盗墓者留给我们的是文物的破坏、国宝的丢失，但也让我们有机会见到并研究这段历史，难道研究古墓就只能从盗墓贼的破坏开始吗？

老一辈的清东陵工作者以前所未有的勇气，在"文化大革命"还未结束的时候，以对清东陵这块热土执着的热爱，大胆地向上级主管部门提出发掘清理裕陵地宫的申请，冲破了重重阻力，克服了无数的困难，最终打开了地宫。其中的苦辣，只有那些为此事付出辛劳的当事人心中最为清楚。开启地宫不仅抢救性地保护了地宫，还对地宫进行了卓有成效的研究，以史鉴今。

作为新一代守陵人，笔者通过详细介绍裕陵地宫开启的真实境况，希望专家学者以及大众可以从裕陵建筑及地宫佛雕经文的石雕艺术、历史文化、佛教文化地位等多方面对裕陵进行研究、保护以及弘扬，使中国的丧葬文化像敦煌学一样，成为一门新兴的国际学科。

历史不仅可以品味，还可以是一面镜子，今天的历史是明天的未来。

参考文献

《清实录》，北京：中华书局，1986年11月。

《清史稿》，赵尔巽主编，中华民国初年清史馆编修，北京：中华书局，1977年8月。

《清皇室四谱》，唐邦治编，上海：上海聚珍仿宋印书局，1923年10月。

《大清皇室史轶》，姜相顺、李海涛主编，沈阳：辽海出版社，2000年3月。

《东陵盗宝》，克诚等著，长沙：岳麓出版社，1986年7月。

《天机：清王朝皇权交接实录》，高冕著，北京：作家出版社，2002年1月。

《明清帝后玺印》，郭福祥著，北京：国际文化出版公司，2003年1月。

《清宫档案揭秘》，李国荣主编，北京：中国青年出版社，2004年5月。

《热河的冷风》，金泉、岳南著，北京：新世界出版社，2003年1月。

《清代孤本内阁六部档案续编》，国家图书馆藏，北京：全国图书馆文献缩微复制中心，2005年10月。

《昌瑞山万年统志》，［清］英廉重修本，光绪朝，河北：清东陵文物管理处藏。

《大清皇陵秘史》第三版，徐广源著，北京：学苑出版社，2010年7月。

《大清皇陵探奇》修订版，徐广源著，沈阳：沈阳出版社，2016年9月。

《雍正朝汉文谕旨汇编》，中国第一历史档案馆编，桂林：广西师范大学出版社，1999年7月。

《我的前半生》，爱新觉罗·溥仪著，北京：群众出版社，2011年1月。

《清皇陵地宫亲探记》，徐广源著，北京：紫禁城出版社，2007年5月。

《清东陵史话》，徐广源著，北京：新世界出版社，2010年4月。

《大清皇陵探奇》，徐广源著，沈阳：沈阳出版社，2012年5月。

《清东陵大观》，于善浦著，石家庄：河北人民出版社，1985年11月。

《紫禁城的黄昏》，（英）庄士敦著，北京：紫禁城出版社，2010年12月。

《清朝陵寝制度》，徐广源著，沈阳：沈阳出版社，2018年12月。

《点击乾隆陵地宫》，徐鑫著，北京：中国水利水电出版社，2005年9月。

《清宫档案揭秘》，李国荣主编，北京：中国青年出版社，2004年5月。

《乾隆皇帝与马戛尔尼》，秦国经、高换婷著，北京：紫禁城出版社，1998年8月。

《和珅秘传》，兴华著，北京：北京图书馆出版社，2003年7月。

《上谕档》《内务府档》《工科史书》《朱批奏折》《录副奏折》《起居注》等，中国第一历史档案馆有关档案。